TRANSFORMACION 360°
DE UNA ENTIDAD FINANCIERA

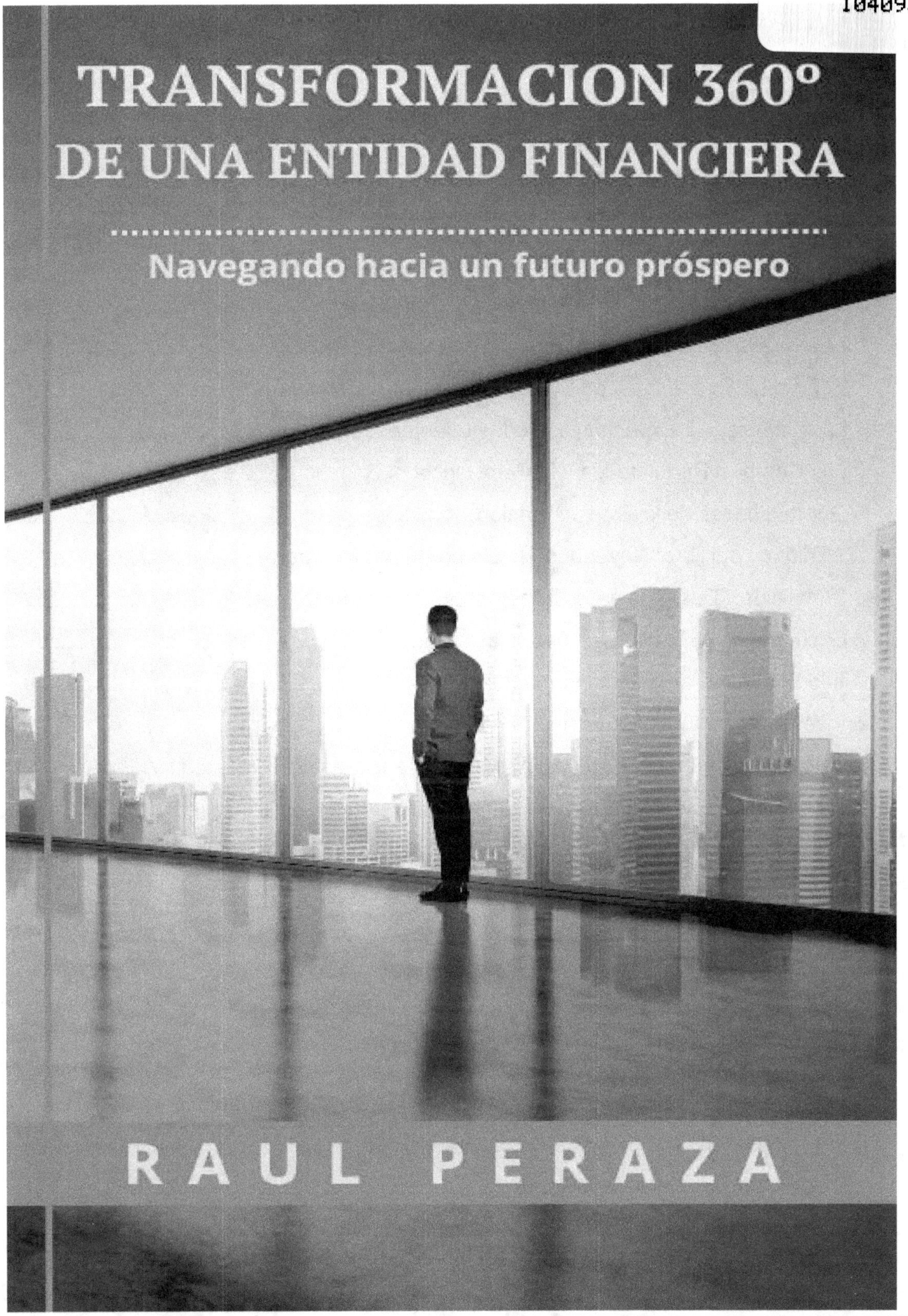

Navegando hacia un futuro próspero

RAUL PERAZA

Contenido

Capítulo 1: Introducción 12

1.1 La evolución de las entidades financieras 12

De Comerciantes a Instituciones Globales 13

La Revolución Tecnológica y la Globalización 13

La Transformación Digital y la Experiencia del Cliente 13

Mirando hacia el Futuro: Desafíos y Oportunidades 14

1.2 La necesidad de la transformación financiera 14

El Entorno Empresarial en Evolución 15

Las Cambiantes Expectativas de los Clientes 15

Los Cambios Regulatorios y la Resistencia al Cambio 15

Oportunidades de la Transformación 16

1.3 Enfoque del libro: Navegando hacia un Futuro Próspero 16

Beneficios y Desafíos de la Transformación Financiera 17

Encontrando el Equilibrio 18

Capítulo 2: El panorama financiero actual 19

2.1 Desafíos y oportunidades en un mundo digital 19

Estrategias de Innovación en Entidades Financieras 19

Cultura de Innovación 19

Colaboración con Fintechs y Startups 19

Laboratorios de Innovación y Espacios de Incubación 20

Inversión en Investigación y Desarrollo 20

Agilidad y Diseño Centrado en el Cliente 20

Fomento de la Creatividad y la Experimentación 20

2.2 Tendencias tecnológicas y regulatorias 21

Integración de Tecnologías Emergentes en las Entidades Financieras ... 21

Inteligencia Artificial (IA) y Aprendizaje Automático 21

Blockchain y Cadena de Bloques 21

Analítica Avanzada y Big Data 22

Internet de las Cosas (IoT) 22

Realidad Virtual (RV) y Realidad Aumentada (RA)..22

Ciberseguridad y Privacidad..22

2.3 La importancia de la adaptación continua 23

La Importancia de la Ciberseguridad en las Entidades Financieras...................23

Amenazas Cibernéticas en el Sector Financiero.......................................23

Estrategias de Ciberseguridad en el Sector Financiero 24

Capítulo 3: Adoptando la tecnología en las finanzas.................................25

3.1 Innovación y disrupción en los servicios financieros............................25

Liderazgo en la Transformación Financiera 25

Visión Estratégica y Compromiso..26

Fomento de una Cultura de Innovación 26

Comunicación Efectiva..26

Gestión del Cambio y Resiliencia 26

Empoderamiento y Desarrollo del Talento 26

Toma de Decisiones Basada en Datos...27

Ejemplificar la Mentalidad de Aprendizaje 27

Conclusiones 27

3.2 Casos de estudio de éxito en transformación digital............................27

Superando los Desafíos del Liderazgo en la Transformación Financiera............27

Resistencia al Cambio y Cultura Organizativa...28

Gestión del Cambio y Comunicación Deficiente...28

Falta de Habilidades y Capacidades..28

Complejidad Tecnológica y Riesgos 29

Falta de Enfoque en el Cliente..29

Caso 1: BBVA - Banca Móvil...29

Caso 2: Goldman Sachs - Marcus..29

Caso 3: Square - Pagos Móviles 29

Caso 4: Adyen - Soluciones de Pago..29

Caso 5: Robinhood - Inversión en Acciones 30

Conclusiones 30

3.3 Re-imaginando la experiencia del cliente 30

Medición y Evaluación del Éxito en la Transformación Financiera 30

Definición de Objetivos Medibles 31

Métricas Clave de Rendimiento 31

Evaluación Continua y Ajuste de Estrategia 31

Comunicación y Transparencia 32

Conclusiones 32

3.4 Optimización de procesos internos y automatización 32

Mantenimiento y Sostenibilidad de la Transformación Financiera 33

Monitoreo y Mejora Continua 33

Flexibilidad y Adaptabilidad 33

Cultura de Innovación Duradera 33

Formación y Desarrollo Continuo 33

Comunicación y Participación de los accionistas 34

Planificación a Largo Plazo 34

Conclusiones 34

Capítulo 4: Estrategias para la transformación financiera 34

4.1 Ética y Responsabilidad en la Transformación Financiera 35

Consideraciones Éticas en la Transformación Financiera 35

Responsabilidad Social y Ambiental 35

Transparencia y Comunicación Responsable 35

Participación de los accionistas y Toma de Decisiones Colaborativa 36

Evaluación de Impacto Social y Ético 36

Cultura de Ética y Responsabilidad 36

Conclusiones 36

4.2 Cumplimiento Regulatorio en la Transformación Financiera 36

Comprensión de las Regulaciones Financieras 37

Ley Fintech 37

Incorporación de Requisitos Regulatorios en el Diseño de la Transformación 38

Evaluación de Riesgos y Auditoría Interna 38

Colaboración con Expertos en Cumplimiento Regulatorio 38

Actualización Continua sobre Regulaciones Cambiantes 39

Educación y Capacitación del Personal...39

Conclusiones...39

4.3 Creación de una cultura de innovación...39

Gestión de Riesgos en la Transformación Financiera..39

Identificación de Riesgos Potenciales...40

Evaluación y Priorización de Riesgos..40

Desarrollo de Estrategias de Mitigación de Riesgos...40

Monitorización y Control Continuos...40

Gestión de Riesgos Tecnológicos...40

Cultura de Gestión de Riesgos..41

Conclusiones...41

4.4 Implementación estratégica de la tecnología...41

Seguridad Cibernética en la Transformación Financiera.......................................41

Aumento de la Superficie de Ataque...42

Identificación de Amenazas y Vulnerabilidades...42

Implementación de Medidas de Seguridad Cibernética...42

Educación y Concienciación de los Empleados...42

Respuesta a Incidentes de Seguridad...42

Colaboración con Expertos en Seguridad Cibernética...43

Conclusiones...43

Capítulo 5: Ciberseguridad y privacidad en el entorno financiero............................43

5.1 Amenazas digitales en el sector financiero..43

Medición del Impacto de la Transformación Financiera...44

Establecimiento de Indicadores de Rendimiento...44

Recopilación y Análisis de Datos..44

Comparación con el Estado Inicial...44

Evaluación de Beneficios Tangibles e Intangibles...44

Encuestas y Retroalimentación de los accionistas..45

Ajuste y Mejora Continua..45

Ejemplos de algunas de las amenazas digitales en el sector financiero 45

Conclusiones...46

5.2 Protección de datos y privacidad del cliente..46

Lecciones Aprendidas y Mejores Prácticas en la Transformación Financiera 46

Flexibilidad y Adaptabilidad 47

Involucramiento de accionistas 47

Comunicación Clara y Constante 47

Alineación con la Estrategia Organizativa 47

Gestión de Cambio Efectiva 47

Enfoque en Resultados Tangibles 47

Aprendizaje Continuo 48

Conclusiones 48

5.3 Cumplimiento normativo y estándares de seguridad 48

Futuras Tendencias en la Transformación Financiera 48

Inteligencia Artificial y Automatización Avanzada 48

Banca Digital y Experiencia del Cliente 49

Tecnología Blockchain y Criptomonedas 49

Ciberseguridad y Protección de Datos..49

Enfoque en la Sostenibilidad Financiera y Ambiental......................................49

Regulación y Cumplimiento Evolutivos..49

Conclusiones 50

5.4 Preparación y respuesta ante incidentes..50

Recomendaciones Finales y Conclusión...50

Capítulo 6: Inversiones en el futuro financiero..51

6.1 El auge de las fintechs y startups en finanzas 52

Preparación y Ejecución Exitosa de la Transformación Financiera.......................53

Definición de un Plan de Ejecución Detallado 53

Movilización de Recursos y Equipos 53

Comunicación Continua y Transparente..53

Gestión de Riesgos y Solución de Problemas...54

Monitorización y Ajuste Continuos...54

Celebración de Logros y Lecciones Aprendidas 54

Conclusiones 54

6.2 Estrategias de inversión en tecnología financiera 54

Impacto a Largo Plazo y Visión Futura de la Transformación Financiera............55

Sostenibilidad de los Resultados..55

Cambio Cultural Duradero 55

Innovación Constante...55

Alineación con las Necesidades del Cliente...55

Contribución a la Sociedad y la Economía...56

Visión Futura y Adaptabilidad...56

Conclusiones 56

6.3 Impacto de la inteligencia artificial y blockchain en inversiones 56

Invitación a la Acción: Comenzando tu Propia Transformación Financiera..........56

Autoevaluación y Definición de Objetivos..57

Planificación Estratégica Detallada 57

Inversión en Tecnología y Capacitación...57

Cambio Cultural y Comunicación...57

Gestión de Riesgos y Evaluación de Impacto...57

Ejecución, Monitorización y Aprendizaje Continuo..57

Conclusión y Compromiso con la Transformación..58

Capítulo 7: Liderando el cambio en las entidades financieras 58

7.1 Cultura organizativa y adaptación al cambio...58

7.2 Estrategias de Implementación Tecnológica en la Transformación Financiera 58

Estrategia de Integración Gradual..58

Estrategia de Reemplazo Completo..59

Estrategia de Innovación Paralela..59

Estrategia de Plataformas Abiertas..59

Estrategia de Personalización y Desarrollo Interno 59

Estrategia de Colaboración con Fintech y Proveedores Externos......................59

Consideraciones Clave en la Implementación..60

Conclusiones 60

7.2 Habilidades y competencias del liderazgo en la era digital...............................60

Impacto Ético y Social de la Transformación Financiera...................................60

Desafíos Éticos en la Automatización y la Inteligencia Artificial............................60

Privacidad y Seguridad de Datos...61

Desafíos Sociales de la Exclusión Digital...61

Responsabilidad en la Educación Financiera 61

Desafíos Éticos en las Criptomonedas y la Tecnología Blockchain 61

Responsabilidad Social Corporativa..61

Conclusiones 61

7.3 Fomentar la colaboración y la innovación..62

Seguridad Cibernética en la Transformación Financiera 62

Riesgos Cibernéticos en la Transformación Financiera 62

Importancia de la Seguridad Cibernética...62

Medidas de Seguridad Cibernética 62

Colaboración y Preparación ante Incidentes...63

Conclusiones 63

7.4 Liderazgo en un mundo de incertidumbre y oportunidad...............................63

7.5 Cumplimiento Regulatorio y Legal en la Transformación Financiera..............64

Regulaciones y Normativas en Evolución 64

Importancia del Cumplimiento Regulatorio...64

Estrategias para el Cumplimiento Regulatorio...64

Cumplimiento Global y Local...65

Conclusiones 65

Capítulo 8: Perspectivas hacia el futuro 65

8.1 La próxima ola de innovación tecnológica...66

Los "océanos azules" en servicios financieros 66

Medición de Resultados y Evaluación de la Transformación Financiera..............67

Establecimiento de Indicadores Clave de Rendimiento (KPIs) 67

Seguimiento y Recopilación de Datos 68

Análisis de Resultados y Toma de Decisiones 68

Evaluación del Retorno de la Inversión (ROI)...68

Obtención de Retroalimentación de los accionistas.......................................68

Aprendizaje Continuo y Mejora Iterativa..68

Conclusiones 68

8.2 Hacia una experiencia de cliente totalmente digital..............................69

Comunicación y Gestión del Cambio en la Transformación Financiera...............69

Comunicación Clara y Transparente..69

Creación de una Narrativa Compelling 69

Involucramiento de los Empleados desde el Inicio..................................69

Gestión de la Resistencia al Cambio 70

Formación y Desarrollo de Habilidades 70

Liderazgo Ejemplar 70

Medición de la Adopción y el Compromiso 70

Conclusiones 70

8.3 La evolución de los modelos de negocio financieros 70

Sostenibilidad y Continuidad en la Transformación Financiera.....................71

Planificación a Largo Plazo 71

Cultura de Mejora Continua..71

Evaluación y Ajuste de Estrategias 71

Innovación Continua...71

Gestión de Riesgos a Largo Plazo 72

Flexibilidad y Agilidad 72

Conclusiones 72

8.4 Conclusiones y llamado a la acción..72

Lecciones Aprendidas y Mejores Prácticas en la Transformación Financiera 72

Definición Clara de Objetivos y Alcance 73

Liderazgo y Compromiso de la Alta Dirección 73

Involucramiento de los Empleados y accionistas 73

Comunicación Abierta y Constante 73

Gestión del Cambio Efectiva 73

Medición y Evaluación Continua..74

Flexibilidad y Adaptabilidad 74

Conclusiones 74

Capítulo 9: Conclusiones...74

9.1 Recapitulación de los principales puntos 74

Futuras Tendencias en la Transformación Financiera 74

Inteligencia Artificial y Automatización Avanzada 75

Digitalización Completa de Procesos 75

Mayor Enfoque en Experiencia del Cliente 75

Crecimiento de las Fintech y Colaboración con Bancos Tradicionales 75

Evolución de las Criptomonedas y la Tecnología Blockchain 75

Mayor Énfasis en la Sostenibilidad y la Inversión Responsable 76

Seguridad Cibernética y Protección de Datos Continua 76

Conclusiones 76

9.2 Inspiración para embarcarse en la transformación financiera 76

Consideraciones Éticas y Sociales en la Transformación Financiera Futura ... 76

Ética en la Inteligencia Artificial y la Automatización 76

Privacidad y Protección de Datos 77

Equidad y Acceso en la Era Digital 77

Responsabilidad en la Educación Financiera 77

Gobernanza y Responsabilidad Corporativa 77

Regulación y Ética en las Criptomonedas y la Tecnología Blockchain 77

Conclusiones 78

9.3 El camino hacia un futuro próspero 78

Adaptación y Preparación para la Transformación Financiera Futura 78

Agilidad y Flexibilidad Organizacional 78

Inversión en Innovación y I+D 78

Cultura de Aprendizaje y Adaptación 79

Monitoreo de Tendencias y Innovaciones 79

Planificación Estratégica a Largo Plazo 79

Fomento de la Mentalidad Innovadora 79

Conclusiones 79

Conclusiones Finales 79

Agradecimientos y Cierre 81

Libros Recomendados: 81

Artículos y Blogs: 81

Sitios Web y Organizaciones: 81

Conferencias y Eventos: 81

Formación y Cursos en Línea: 82

ANEXOS 82

    Anexo 1 . Contenido esencial de un software para administrar entidades financieras 82

    Anexo 2. Proceso de implementación de un software para la administración de una entidad financiera 84

    Anexo 3.- tiempos y costos estimados de implementación de un software para la administración de cartera 86

    Anexo 4.- benchmarking de software para administración de entidades dedicadas al financiamiento en México 87

Capítulo 1: Introducción

En este capítulo inicial, establecemos el escenario para explorar la transformación financiera en las entidades financieras en la era actual. Abordamos la evolución constante del sector financiero y cómo las entidades financieras enfrentan una creciente necesidad de adaptación y cambio para mantenerse relevantes en un entorno dinámico y tecnológico.

La clave fundamental para el éxito de un negocio dedicado al otorgamiento de préstamos reside en la habilidad de equilibrar cuidadosamente la provisión de financiamiento con la gestión responsable del riesgo. En este contexto, el otorgamiento de préstamos se convierte en una delicada danza entre ofrecer soluciones de liquidez a individuos y empresas que buscan satisfacer sus necesidades financieras, y mantener la salud financiera y la estabilidad de la propia entidad crediticia.

Una gestión eficaz del otorgamiento de préstamos implica no solo comprender las necesidades y objetivos de los prestatarios, sino también evaluar rigurosamente la capacidad de reembolso, mitigar el riesgo crediticio y mantener estándares éticos y legales sólidos. Cada préstamo representa un equilibrio entre el apoyo a los clientes y la protección de los intereses de la entidad crediticia y sus inversionistas.

En esta introducción, exploraremos los aspectos clave que conforman una exitosa operación de otorgamiento de préstamos, incluyendo la evaluación de la solvencia del prestatario, la construcción de relaciones sólidas, la adaptación a las cambiantes condiciones del mercado y el compromiso con prácticas transparentes y responsables. En última instancia, descubriremos cómo un enfoque integral y equilibrado en el otorgamiento de préstamos puede resultar en un negocio sostenible y próspero, que beneficie tanto a los prestatarios como a la institución crediticia.

Secciones del Capítulo:

1.1 La evolución de las entidades financieras

En esta sección, trazamos un recorrido histórico de la industria financiera, desde sus raíces en el comercio tradicional hasta la era moderna de las instituciones financieras globales. Destacamos cómo los bancos, las aseguradoras y otras entidades financieras han evolucionado para satisfacer las cambiantes demandas de los clientes y las condiciones económicas.

El mundo de las entidades financieras ha experimentado una evolución continua a lo largo de la historia, desde sus orígenes humildes hasta su prominencia en la economía global actual. La evolución no solo se ha manifestado en la expansión de servicios y la sofisticación de productos, sino también en la forma en que estas instituciones interactúan con los clientes y se adaptan a los cambios tecnológicos y regulatorios.

De Comerciantes a Instituciones Globales

En sus inicios, las entidades financieras eran pequeñas empresas locales o individuos que proporcionaban servicios básicos, como préstamos y cambio de moneda, para la comunidad. En muchos casos, estos "banqueros" eran comerciantes que facilitaban el comercio al proporcionar financiamiento y servicios de cambio. A medida que las economías crecieron y las redes comerciales se expandieron, estas instituciones evolucionaron hacia bancos más formales y complejos.

Con el tiempo, los bancos se consolidaron y establecieron sucursales en diversas ubicaciones geográficas, lo que les permitió ofrecer una gama más amplia de servicios a una clientela más diversa. Los bancos comenzaron a desempeñar un papel fundamental en la financiación de empresas y proyectos, lo que contribuyó al crecimiento económico en muchas partes del mundo.

La Revolución Tecnológica y la Globalización

La revolución tecnológica de las últimas décadas ha tenido un impacto profundo en las entidades financieras. La adopción de sistemas informáticos y la creación de redes de comunicación global permitieron a las instituciones financieras realizar transacciones y operaciones en tiempo real, eliminando las barreras geográficas y acelerando la velocidad de los servicios financieros.

Además, la globalización ha llevado a la creación de instituciones financieras multinacionales que operan en múltiples países. Esto ha sido facilitado por avances en la tecnología de comunicación y el establecimiento de regulaciones internacionales que gobiernan las operaciones bancarias y financieras a nivel mundial. Las instituciones financieras ahora pueden expandirse a nuevos mercados con mayor facilidad y brindar servicios a una audiencia global.

La Transformación Digital y la Experiencia del Cliente

En el siglo XXI, la transformación digital ha dado lugar a una nueva ola de cambios en las entidades financieras. La adopción de plataformas en línea y aplicaciones móviles ha cambiado radicalmente la forma en que los clientes interactúan con los bancos. La banca en línea ha permitido a los clientes realizar transacciones, gestionar sus cuentas y acceder a servicios financieros las 24 horas del día, los 7 días de la semana.

La experiencia del cliente se ha convertido en un enfoque central para las entidades financieras en esta era digital. La personalización de servicios, la agilidad en la respuesta a las necesidades del cliente y la creación de interfaces intuitivas son elementos clave para ganar la lealtad de los clientes en un mercado cada vez más competitivo.

Mirando hacia el Futuro: Desafíos y Oportunidades

Si bien las entidades financieras han experimentado una evolución impresionante a lo largo de los años, el futuro presenta nuevos desafíos y oportunidades. La competencia con las fintechs y la rápida adopción de tecnologías emergentes, como la inteligencia artificial y la cadena de bloques, están remodelando aún más la industria financiera. Las entidades financieras deben abrazar la transformación y la innovación para seguir siendo relevantes en este entorno en constante cambio.

En resumen, la evolución de las entidades financieras es un reflejo de la evolución de la sociedad, la tecnología y la economía. Desde sus humildes comienzos como intermediarios locales hasta su papel central en la economía global, estas instituciones han demostrado una capacidad continua para adaptarse y prosperar en un entorno en constante cambio. La transformación financiera es un viaje continuo que requiere un enfoque en la innovación, la tecnología y la satisfacción del cliente para impulsar el éxito en el futuro.

1.2 La necesidad de la transformación financiera

Aquí exploramos las razones subyacentes detrás de la urgente necesidad de transformación en el sector financiero. Analizamos los desafíos que enfrentan las entidades financieras, como la competencia de nuevas empresas tecnológicas, las cambiantes expectativas de los clientes y los cambios regulatorios. Además, discutimos por qué la resistencia al cambio puede ser perjudicial y cómo la transformación puede brindar oportunidades significativas.

En un mundo caracterizado por cambios rápidos y avances tecnológicos, la necesidad de que las entidades financieras se transformen se ha vuelto más urgente que nunca. La transformación financiera se refiere a la adaptación y el cambio que estas instituciones deben emprender para mantenerse a la par de las demandas cambiantes de los clientes, las condiciones económicas y las tendencias tecnológicas. Esta adaptación es crucial para su supervivencia y éxito continuado en un entorno altamente competitivo y dinámico.

El Entorno Empresarial en Evolución

Las entidades financieras se enfrentan a un entorno empresarial en constante evolución, caracterizado por varios factores disruptivos. Uno de los principales impulsores del cambio es la rápida adopción de la tecnología y la digitalización en todos los aspectos de la vida. Los clientes ahora esperan experiencias digitales intuitivas y personalizadas en todos los aspectos de su vida, incluidos los servicios financieros. La llegada de las fintechs y startups en el campo financiero ha desafiado a las instituciones tradicionales a innovar y mejorar sus ofertas para no quedarse atrás.

Además, la globalización ha llevado a una mayor interconexión entre los mercados y las economías, lo que crea oportunidades pero también aumenta la complejidad en la gestión de riesgos y el cumplimiento de las regulaciones internacionales. La volatilidad económica y las crisis financieras también han ejercido presión sobre las entidades financieras para que sean más resilientes y capaces de anticipar y mitigar los riesgos.

Las Cambiantes Expectativas de los Clientes

Los clientes de las entidades financieras también están experimentando cambios en sus expectativas y preferencias. La generación más joven, conocida como los millennials y la Generación Z, valora la conveniencia, la personalización y la transparencia en sus relaciones con las instituciones financieras. Exigen servicios que se adapten a sus estilos de vida digitales y buscan una mayor interacción en línea en lugar de la tradicional visita a una sucursal bancaria.

La rápida evolución de las tecnologías de la información y la comunicación ha empoderado a los clientes con información y opciones a su alcance. Esto significa que las entidades financieras deben competir no solo con otras instituciones financieras, sino también con las expectativas que los clientes han desarrollado a partir de experiencias en otros sectores.

Los Cambios Regulatorios y la Resistencia al Cambio

La transformación financiera también es impulsada por los cambios regulatorios en el sector. Las autoridades financieras y gubernamentales están implementando regulaciones más estrictas para mejorar la seguridad y la integridad del sistema financiero. Si bien estas regulaciones son fundamentales para garantizar la estabilidad financiera, también requieren que las entidades financieras se adapten y realicen inversiones significativas en sistemas de cumplimiento y seguridad.

A pesar de la necesidad de transformación, algunas entidades financieras pueden enfrentar resistencia interna al cambio. La adopción de nuevas tecnologías y prácticas puede encontrarse con escepticismo por parte de los empleados y la alta dirección. La mentalidad de "si no está roto, no lo arregles" puede ser un obstáculo para la innovación y la transformación.

Oportunidades de la Transformación

A pesar de los desafíos, la transformación financiera ofrece numerosas oportunidades para las entidades financieras dispuestas a abrazar el cambio. La adopción de tecnologías avanzadas puede mejorar la eficiencia operativa, reducir los costos y brindar una ventaja competitiva. Las instituciones financieras también pueden mejorar la experiencia del cliente al proporcionar servicios más personalizados y atractivos a través de canales digitales.

La transformación también puede permitir a las entidades financieras diversificar sus ofertas y explorar nuevos modelos de negocio. La colaboración con fintechs y la adopción de soluciones innovadoras pueden abrir nuevas fuentes de ingresos y expandir el alcance de los servicios financieros.

En resumen, la necesidad de transformación financiera es impulsada por la evolución del entorno empresarial, las expectativas cambiantes de los clientes, los cambios regulatorios y la competencia con nuevas tecnologías. Si bien enfrenta desafíos, la transformación también presenta oportunidades significativas para que las entidades financieras se mantengan relevantes y prosperen en el futuro. Aquellas que puedan adaptarse de manera efectiva estarán mejor posicionadas para liderar en un mundo financiero en constante cambio.

1.3 Enfoque del libro: Navegando hacia un Futuro Próspero

En esta sección, presentamos la visión general del libro y cómo abordará los temas clave relacionados con la transformación financiera. Describimos cómo los capítulos subsiguientes explorarán aspectos esenciales de la adopción tecnológica, la innovación y el liderazgo en el contexto de las entidades financieras. También resaltamos la importancia de adoptar una mentalidad abierta hacia el cambio y la adaptación continua.

Este capítulo introductorio establece el tono para el resto del libro al proporcionar una base sólida para comprender la evolución del sector financiero y la necesidad apremiante de transformación. Los lectores obtendrán una visión panorámica de los desafíos y oportunidades que enfrentan las entidades financieras en la actualidad, preparándolos para sumergirse en los detalles de la transformación financiera en los capítulos siguientes.

Beneficios y Desafíos de la Transformación Financiera

La transformación financiera conlleva una serie de beneficios significativos, pero también presenta desafíos que las entidades financieras deben abordar de manera estratégica. Al comprender y equilibrar estos aspectos, las instituciones pueden tomar decisiones informadas y construir una base sólida para su éxito en un entorno en constante evolución.

Beneficios de la Transformación Financiera

1. Mayor Eficiencia Operativa: La adopción de tecnologías avanzadas y la automatización de procesos pueden mejorar la eficiencia operativa, reducir los errores y acelerar la ejecución de tareas. Esto permite a las entidades financieras brindar servicios más rápidos y precisos a sus clientes.

2. Experiencia del Cliente Mejorada: La transformación permite a las instituciones financieras ofrecer experiencias del cliente más personalizadas y convenientes. Plataformas en línea, aplicaciones móviles y análisis de datos permiten comprender mejor las necesidades de los clientes y ofrecer soluciones a medida.

3. Innovación de Productos y Servicios: La transformación fomenta la innovación en la creación de nuevos productos y servicios financieros. Desde soluciones de pago más rápidas hasta plataformas de inversión automatizada, las entidades financieras pueden brindar a los clientes una gama más amplia de opciones.

4. Acceso a Nuevos Mercados: Las tecnologías digitales permiten a las instituciones financieras expandirse a nuevos mercados geográficos sin la necesidad de establecer sucursales físicas. Esto crea oportunidades para llegar a una audiencia global y diversificar las fuentes de ingresos.

5. Mejora en la Toma de Decisiones: La adopción de análisis avanzados y técnicas de aprendizaje automático permite a las entidades financieras tomar decisiones más informadas y basadas en datos. Esto mejora la gestión de riesgos, la inversión y la planificación estratégica.

Desafíos de la Transformación Financiera

1. Inversiones Significativas: La transformación financiera a menudo requiere inversiones considerables en tecnología, capacitación y reestructuración organizativa. La gestión eficiente de estas inversiones es crucial para garantizar un retorno de inversión positivo.

2. Seguridad y Privacidad: A medida que las instituciones financieras adoptan soluciones digitales, la ciberseguridad y la protección de la privacidad de los datos se vuelven críticas. La exposición a amenazas cibernéticas y la necesidad de cumplir con regulaciones de privacidad pueden ser desafiantes.

3. Cambio Cultural: La adopción exitosa de la transformación financiera a menudo implica un cambio cultural en la organización. Los empleados deben estar dispuestos a aprender nuevas habilidades y adaptarse a nuevas formas de trabajar.

4. Integración de Sistemas Heredados: Muchas entidades financieras tienen sistemas legados que pueden ser difíciles de integrar con nuevas tecnologías. La migración de datos y la integración de sistemas pueden ser complejas y requieren una planificación cuidadosa.

5. Resistencia al Cambio: La resistencia al cambio por parte de los empleados y la alta dirección puede ser un obstáculo para la transformación exitosa. La comunicación y la gestión del cambio son esenciales para superar esta resistencia.

Encontrando el Equilibrio

El éxito en la transformación financiera radica en abordar los desafíos mientras se capitalizan los beneficios. Las instituciones financieras deben tener una visión clara de sus objetivos y un plan estratégico sólido para implementar la transformación. Esto incluye identificar y mitigar los riesgos asociados con la inversión en tecnología, la ciberseguridad y la gestión del cambio cultural.

Las entidades financieras también deben estar dispuestas a aprender de sus errores y ajustar su enfoque a medida que avanzan en su viaje de transformación. A medida que enfrentan la evolución constante del entorno financiero, aquellas que pueden encontrar el equilibrio entre la innovación y la gestión de riesgos estarán mejor posicionadas para capitalizar las oportunidades y enfrentar los desafíos del futuro.

Capítulo 2: El panorama financiero actual

En este capítulo, analizamos detalladamente el entorno en el que operan las entidades financieras en la actualidad. Exploramos los desafíos y las oportunidades que surgen en un mundo cada vez más digital y globalizado, y cómo las instituciones financieras deben adaptarse para seguir siendo relevantes en este nuevo contexto.

2.1 Desafíos y oportunidades en un mundo digital

En esta sección, examinamos los desafíos clave que enfrentan las entidades financieras en la era digital. Discutimos cómo la digitalización está cambiando las expectativas de los clientes, la competencia en el mercado y la necesidad de proporcionar servicios más ágiles y personalizados. También exploramos las oportunidades que ofrece la tecnología para crear experiencias de cliente mejoradas y para desarrollar nuevos productos y servicios.

Estrategias de Innovación en Entidades Financieras

La innovación se ha convertido en una prioridad estratégica para las entidades financieras en un entorno en constante cambio y digitalización. La adopción de nuevas tecnologías, la mejora de la experiencia del cliente y la búsqueda de soluciones creativas son elementos esenciales en la búsqueda de la innovación financiera. En este subcapítulo, exploraremos diversas estrategias que las instituciones financieras pueden emplear para fomentar la innovación y mantenerse a la vanguardia en un mercado competitivo.

Cultura de Innovación

La creación de una cultura de innovación es fundamental para el éxito a largo plazo de las entidades financieras. Esto implica fomentar un entorno en el que los empleados se sientan alentados y capacitados para proponer nuevas ideas y soluciones. Las organizaciones que promueven la creatividad y el pensamiento fuera de lo convencional tienen más probabilidades de identificar oportunidades de innovación y responder de manera efectiva a los desafíos emergentes.

Colaboración con Fintechs y Startups

La colaboración con fintechs y startups es una estrategia cada vez más común para impulsar la innovación financiera. Estas nuevas empresas suelen ser ágiles y centradas en la tecnología, lo que les permite desarrollar soluciones innovadoras en áreas como pagos, préstamos, inversiones y más. Las entidades financieras pueden colaborar con estas empresas para incorporar sus soluciones en sus ofertas existentes o para explorar nuevas áreas de negocio.

Laboratorios de Innovación y Espacios de Incubación

Muchas instituciones financieras han establecido laboratorios de innovación internos o espacios de incubación para desarrollar nuevas ideas y tecnologías. Estos entornos ofrecen a los equipos un espacio dedicado para experimentar, crear prototipos y probar nuevas soluciones antes de implementarlas a gran escala. Esta estrategia permite a las entidades financieras experimentar de manera segura y aprender de los fracasos antes de lanzar nuevos productos o servicios al mercado.

Inversión en Investigación y Desarrollo

La inversión en investigación y desarrollo (I+D) es una estrategia clave para fomentar la innovación. Las entidades financieras pueden destinar recursos financieros y humanos a la exploración de nuevas tecnologías, modelos de negocio y soluciones disruptivas. La I+D puede abarcar desde el desarrollo de aplicaciones móviles avanzadas hasta la creación de sistemas de análisis de datos para mejorar la toma de decisiones.

Agilidad y Diseño Centrado en el Cliente

Adoptar un enfoque ágil y centrado en el cliente es esencial para la innovación efectiva. Las entidades financieras deben ser capaces de adaptarse rápidamente a las cambiantes demandas del mercado y a las necesidades de los clientes. Esto implica la capacidad de diseñar, implementar y mejorar continuamente soluciones basadas en la retroalimentación y las preferencias de los clientes.

Fomento de la Creatividad y la Experimentación

Las entidades financieras pueden alentar la creatividad y la experimentación al brindar a los empleados tiempo y recursos para explorar nuevas ideas. Los programas de incentivos y reconocimiento pueden motivar a los empleados a proponer soluciones innovadoras y a participar en proyectos de investigación. La experimentación controlada permite a las organizaciones aprender de los éxitos y fracasos y mejorar constantemente sus enfoques de innovación.

En resumen, las estrategias de innovación son esenciales para que las entidades financieras sigan siendo competitivas y relevantes en un entorno financiero en constante evolución. Desde la creación de una cultura de innovación hasta la colaboración con nuevas empresas y la inversión en I+D, estas estrategias permiten a las instituciones financieras identificar nuevas oportunidades y brindar soluciones de vanguardia a sus clientes. Aquellas que puedan fomentar la creatividad y la experimentación estarán mejor posicionadas para liderar en la innovación financiera.

2.2 Tendencias tecnológicas y regulatorias

Aquí profundizamos en las tendencias tecnológicas que están remodelando la industria financiera, desde la inteligencia artificial y el aprendizaje automático hasta la cadena de bloques y la computación en la nube. Analizamos cómo estas tecnologías pueden transformar la forma en que se llevan a cabo las operaciones financieras y cómo las entidades financieras pueden aprovecharlas de manera estratégica. Además, exploramos las regulaciones y los estándares que están surgiendo para abordar los desafíos relacionados con la seguridad y la privacidad en este nuevo entorno digital.

Integración de Tecnologías Emergentes en las Entidades Financieras

La adopción de tecnologías emergentes es un componente fundamental de la estrategia de innovación en las entidades financieras. Estas tecnologías ofrecen oportunidades para transformar la forma en que se prestan los servicios financieros, mejorar la eficiencia operativa y proporcionar experiencias del cliente más atractivas. En este subcapítulo, exploraremos diversas tecnologías emergentes y cómo están siendo integradas en las operaciones de las instituciones financieras.

Inteligencia Artificial (IA) y Aprendizaje Automático

La inteligencia artificial (IA) y el aprendizaje automático (machine learning) están siendo utilizados en las entidades financieras para una variedad de aplicaciones. Estas tecnologías permiten el análisis de grandes cantidades de datos de manera rápida y precisa, lo que mejora la toma de decisiones, la detección de fraudes y la personalización de servicios. Los chatbots y asistentes virtuales impulsados por IA también están siendo implementados para interactuar con los clientes y brindar respuestas rápidas a sus consultas.

Blockchain y Cadena de Bloques

La tecnología de blockchain, también conocida como cadena de bloques, ha capturado la atención de las entidades financieras debido a su capacidad para brindar seguridad, transparencia y eficiencia en las transacciones. Esta tecnología descentralizada puede utilizarse para simplificar los procesos de liquidación y compensación, así como para facilitar transferencias internacionales de manera más rápida y económica. Además, el blockchain puede mejorar la verificación de la identidad y la autenticidad de los documentos.

Analítica Avanzada y Big Data

La analítica avanzada y el análisis de big data permiten a las entidades financieras extraer información valiosa de los datos recopilados. Estas tecnologías pueden identificar patrones de gastos de los clientes, prever tendencias económicas y proporcionar información para la toma de decisiones estratégicas. La implementación de análisis de big data también ayuda a las instituciones financieras a personalizar sus ofertas y a crear productos y servicios más alineados con las necesidades de los clientes.

Internet de las Cosas (IoT)

La Internet de las Cosas (IoT) también está desempeñando un papel en la transformación financiera. Los dispositivos IoT, como los wearables y los sensores en los hogares, pueden recopilar datos sobre las actividades financieras de los usuarios y su comportamiento. Esta información permite a las entidades financieras personalizar aún más sus ofertas y brindar soluciones basadas en el contexto del cliente.

Realidad Virtual (RV) y Realidad Aumentada (RA)

Aunque en una etapa más incipiente en el sector financiero, la realidad virtual (RV) y la realidad aumentada (RA) tienen el potencial de cambiar la forma en que los clientes interactúan con los servicios financieros. Estas tecnologías pueden utilizarse para ofrecer experiencias más inmersivas en la banca en línea, permitiendo a los clientes visualizar y gestionar sus finanzas de manera más intuitiva.

Ciberseguridad y Privacidad

Si bien la integración de tecnologías emergentes ofrece numerosos beneficios, también plantea desafíos en términos de ciberseguridad y privacidad. Las entidades financieras deben garantizar que los datos de los clientes estén protegidos contra amenazas cibernéticas y que se cumplan las regulaciones de privacidad. La implementación de soluciones de seguridad avanzadas y el monitoreo constante son fundamentales para mitigar los riesgos asociados con la adopción de tecnologías emergentes.

En resumen, la integración de tecnologías emergentes en las entidades financieras está transformando la forma en que operan y brindan servicios a los clientes. Desde la inteligencia artificial hasta el blockchain y más allá, estas tecnologías están impulsando la innovación en la industria financiera y permitiendo una mayor eficiencia, personalización y seguridad en la prestación de servicios financieros. Aquellas instituciones financieras que puedan adoptar y adaptarse a estas tecnologías estarán mejor preparadas para liderar en la economía digital actual.

2.3 La importancia de la adaptación continua

En esta sección, destacamos la necesidad de que las entidades financieras adopten una mentalidad de adaptación continua. Discutimos cómo el ritmo acelerado de cambio en el panorama financiero exige que las organizaciones sean ágiles y estén dispuestas a experimentar con nuevas estrategias y tecnologías. También examinamos cómo las empresas pueden colaborar con startups fintech y otras instituciones para fomentar la innovación y la transformación.

Este capítulo brinda a los lectores una visión profunda de los factores que influyen en el panorama financiero actual. Al comprender los desafíos y las oportunidades que surgen en un mundo digital y globalizado, las entidades financieras estarán mejor equipadas para tomar decisiones estratégicas que les permitan prosperar en este entorno en constante evolución.

La Importancia de la Ciberseguridad en las Entidades Financieras

En el entorno financiero digital de hoy en día, la ciberseguridad se ha convertido en una preocupación fundamental para las entidades financieras. La adopción de tecnologías avanzadas y la digitalización de servicios financieros han creado nuevas oportunidades, pero también han aumentado la superficie de ataque para ciberdelincuentes. En este subcapítulo, exploraremos la importancia de la ciberseguridad en el sector financiero y cómo las instituciones pueden protegerse contra las amenazas cibernéticas.

Amenazas Cibernéticas en el Sector Financiero

Las entidades financieras almacenan y manejan grandes cantidades de datos sensibles, incluidas las transacciones financieras, información personal y datos confidenciales de los clientes. Esto las convierte en objetivos atractivos para ciberdelincuentes que buscan obtener ganancias financieras o acceder a información valiosa. Las amenazas cibernéticas incluyen ataques de phishing, malware, ransomware, robo de datos y más.

Impacto de los Ataques Cibernéticos

Los ataques cibernéticos pueden tener un impacto devastador en las entidades financieras y en sus clientes. Un ciberataque exitoso puede resultar en la pérdida de datos sensibles, la interrupción de servicios, daños a la reputación y la pérdida de confianza de los clientes. Además, las entidades financieras también pueden enfrentar sanciones regulatorias y legales si no cumplen con los estándares de ciberseguridad requeridos.

Estrategias de Ciberseguridad en el Sector Financiero

La ciberseguridad efectiva en las entidades financieras requiere una combinación de tecnología, procesos y educación. Algunas estrategias clave incluyen:

1. Protección de Datos: Las entidades financieras deben implementar medidas sólidas para proteger los datos de los clientes y los sistemas internos. Esto incluye el cifrado de datos, la autenticación de dos factores y la segmentación de redes para reducir el riesgo de exposición.

2. Monitoreo Constante: La supervisión continua de los sistemas y la detección temprana de actividades sospechosas son esenciales para identificar y mitigar los ataques antes de que causen daños graves.

3. Educación y Concientización: Capacitar a los empleados y a los clientes sobre las prácticas de seguridad en línea es fundamental. Los empleados deben comprender cómo reconocer amenazas y cómo responder ante posibles ataques.

4. Actualización de Software: Mantener actualizado el software y los sistemas es vital para cerrar las vulnerabilidades conocidas y protegerse contra las últimas amenazas.

5. Pruebas de Penetración: Realizar pruebas de penetración y evaluaciones de seguridad periódicas puede ayudar a identificar posibles debilidades en los sistemas y las redes.

Colaboración y Cumplimiento Regulatorio

La colaboración entre las entidades financieras, las agencias gubernamentales y la industria de ciberseguridad también es esencial para abordar las amenazas cibernéticas de manera efectiva. Además, las entidades financieras deben cumplir con las regulaciones y estándares de seguridad cibernética establecidos por las autoridades reguladoras para garantizar la protección de los datos y la confianza de los clientes.

En resumen , la ciberseguridad es un componente crítico en la estrategia de transformación financiera. Las entidades financieras deben reconocer las amenazas cibernéticas y adoptar medidas sólidas para proteger sus sistemas, datos y la confianza de los clientes. La inversión en tecnologías de seguridad, la educación y la colaboración son esenciales para garantizar la protección en un entorno digital cada vez más complejo y desafiante.

Capítulo 3: Adoptando la tecnología en las finanzas

En este capítulo, exploramos en profundidad cómo las entidades financieras pueden abrazar la tecnología para impulsar su transformación en un mundo cada vez más digital. Analizamos las diversas formas en que la innovación tecnológica está redefiniendo la industria financiera y cómo las organizaciones pueden aprovechar estas oportunidades para mejorar sus servicios, optimizar sus operaciones y aumentar su competitividad.

3.1 Innovación y disrupción en los servicios financieros

En esta sección, examinamos las tendencias disruptivas que han sacudido el panorama de los servicios financieros. Discutimos cómo las fintechs y las startups están introduciendo nuevos modelos de negocio y soluciones tecnológicas que desafían el statu quo. Se presentan casos de estudio emblemáticos que ilustran cómo compañías innovadoras han revolucionado áreas como los pagos, los préstamos y la gestión de inversiones.

Liderazgo en la Transformación Financiera

El liderazgo efectivo desempeña un papel crucial en el éxito de la transformación financiera en las entidades financieras. Los líderes de estas organizaciones tienen la responsabilidad de guiar a sus equipos a través del cambio, fomentar una cultura de innovación y tomar decisiones estratégicas que impulsen el progreso. En este subcapítulo, exploraremos la importancia del liderazgo en la transformación financiera y las características clave que deben poseer los líderes en este contexto.

Visión Estratégica y Compromiso

Los líderes en la transformación financiera deben tener una visión estratégica clara del futuro y de cómo las nuevas tecnologías pueden cambiar la forma en que operan las instituciones financieras. Esta visión debe ser comunicada con claridad y energía para inspirar y alinear a los equipos en torno a objetivos comunes. Además, los líderes deben demostrar un compromiso sincero con la transformación, mostrando un ejemplo de adaptabilidad y disposición a abrazar el cambio.

Fomento de una Cultura de Innovación

Una cultura de innovación es esencial para la transformación exitosa. Los líderes deben fomentar un entorno en el que los empleados se sientan seguros al proponer nuevas ideas, experimentar con enfoques no convencionales y aprender de los fracasos. Esto implica fomentar la creatividad, la colaboración y la toma de riesgos controlados en toda la organización.

Comunicación Efectiva

La comunicación efectiva es un pilar del liderazgo en la transformación financiera. Los líderes deben comunicar constantemente la visión, los objetivos y el progreso de la transformación a todos los niveles de la organización. Esto ayuda a mantener a los empleados informados y comprometidos, y les permite comprender el propósito detrás de los cambios que se están implementando.

Gestión del Cambio y Resiliencia

La transformación financiera conlleva cambios significativos en la forma en que se realizan las operaciones y en la cultura organizativa. Los líderes deben ser hábiles en la gestión del cambio, anticipando las resistencias y abordando los desafíos que puedan surgir. La resiliencia también es clave, ya que los líderes deben mantenerse positivos y adaptarse a las dificultades que puedan surgir en el camino.

Empoderamiento y Desarrollo del Talento

Empoderar y desarrollar a los empleados es esencial para el liderazgo en la transformación financiera. Los líderes deben brindar a los equipos las herramientas, recursos y autonomía necesarios para innovar y asumir responsabilidades adicionales. Esto incluye la identificación y el desarrollo de líderes emergentes que puedan liderar la transformación en sus propias áreas.

Toma de Decisiones Basada en Datos

En un entorno impulsado por datos, los líderes deben tomar decisiones basadas en información objetiva y análisis sólidos. La adopción de tecnologías analíticas y la comprensión de las tendencias del mercado permiten a los líderes tomar decisiones informadas que respalden el éxito de la transformación financiera.

Ejemplificar la Mentalidad de Aprendizaje

Los líderes deben ejemplificar una mentalidad de aprendizaje constante. Esto implica estar dispuestos a reconocer cuando se necesita más información, aprender de los fracasos y estar abiertos a nuevas perspectivas y enfoques. Una actitud de aprendizaje continuo crea una cultura en la que la mejora constante es valorada.

Conclusiones

En resumen, el liderazgo en la transformación financiera es esencial para guiar a las entidades financieras hacia un futuro exitoso. Los líderes deben demostrar una visión estratégica, fomentar una cultura de innovación, comunicar con claridad, gestionar el cambio y empoderar a los empleados. Al adoptar estas características y habilidades, los líderes pueden influir positivamente en la transformación financiera y llevar a sus organizaciones hacia el éxito en un entorno financiero en constante evolución.

3.2 Casos de estudio de éxito en transformación digital

Aquí nos adentramos en ejemplos concretos de instituciones financieras que han abrazado la transformación digital con éxito. Exploramos cómo bancos tradicionales han modernizado sus plataformas, mejorado la experiencia del cliente y optimizado sus procesos internos mediante la implementación de tecnologías avanzadas como la inteligencia artificial, la analítica de datos y la automatización.

Superando los Desafíos del Liderazgo en la Transformación Financiera

Liderar la transformación financiera no está exento de desafíos. Los líderes se enfrentan a obstáculos que van desde la resistencia al cambio hasta la complejidad de la implementación tecnológica. En este subcapítulo, exploraremos algunos de los desafíos comunes que los líderes pueden enfrentar en la transformación financiera y cómo superarlos de manera efectiva.

Resistencia al Cambio y Cultura Organizativa

Uno de los desafíos más significativos es la resistencia al cambio por parte de los empleados y, en algunos casos, incluso por parte de la alta dirección. Los seres humanos tienden a aferrarse a lo familiar y pueden sentirse incómodos con la incertidumbre que acompaña a la transformación. Los líderes deben abordar esta resistencia comunicando los beneficios de la transformación, proporcionando formación y capacitación adecuadas, y demostrando los resultados positivos a medida que avanzan.

Además, la cultura organizativa existente puede ser un obstáculo para la innovación. Si la cultura valora la jerarquía y la estabilidad, los líderes deben trabajar para fomentar una cultura que fomente la colaboración, la toma de riesgos y la experimentación.

Gestión del Cambio y Comunicación Deficiente

Una gestión inadecuada del cambio puede llevar a la confusión y la falta de compromiso entre los empleados. Los líderes deben desarrollar un plan de gestión del cambio que incluya la identificación de los impactos de la transformación en diferentes áreas de la organización, así como la estrategia para mitigar estos impactos. La comunicación constante y transparente es esencial para mantener a todos informados y asegurarse de que estén alineados con los objetivos de la transformación.

Falta de Habilidades y Capacidades

La adopción exitosa de nuevas tecnologías a menudo requiere que los empleados adquieran nuevas habilidades y conocimientos. Los líderes deben identificar las brechas en habilidades y proporcionar oportunidades de formación y desarrollo para ayudar a los empleados a adaptarse al cambio. Esto podría incluir programas de capacitación internos, colaboración con proveedores de formación externos y la identificación de líderes internos que puedan guiar a otros en la adopción de nuevas habilidades.

Complejidad Tecnológica y Riesgos

La implementación de tecnologías avanzadas puede ser compleja y conllevar riesgos. Los líderes deben tener en cuenta los desafíos técnicos y la seguridad cibernética al adoptar nuevas soluciones. Trabajar en estrecha colaboración con expertos en tecnología y ciberseguridad puede ayudar a mitigar estos riesgos y garantizar una implementación exitosa.

Falta de Enfoque en el Cliente

En medio de los desafíos tecnológicos y operativos, los líderes deben asegurarse de mantener el enfoque en las necesidades y expectativas de los clientes. La transformación financiera debe estar en línea con la mejora de la experiencia del cliente y la entrega de soluciones que resuelvan sus problemas y satisfagan sus deseos. Los líderes deben involucrar a los clientes en el proceso de transformación, recopilando retroalimentación y ajustando las estrategias según sea necesario.

Caso 1: BBVA - Banca Móvil

BBVA ha sido un pionero en la adopción de la banca móvil, permitiendo a sus clientes realizar una amplia variedad de transacciones financieras a través de sus dispositivos móviles. La aplicación de BBVA ha recibido múltiples premios por su diseño intuitivo y funcionalidades avanzadas, como la gestión de inversiones y el acceso a asesores financieros virtuales.

Caso 2: Goldman Sachs - Marcus

Goldman Sachs lanzó Marcus, una plataforma de préstamos personales y ahorro en línea que ha ganado popularidad rápidamente. Marcus utiliza algoritmos avanzados para ofrecer tasas de interés personalizadas y ha atraído a millones de clientes desde su lanzamiento.

Caso 3: Square - Pagos Móviles

Square ha revolucionado la forma en que los pequeños comerciantes aceptan pagos, ofreciendo una solución de punto de venta móvil que es fácil de usar y asequible. Esto ha permitido a los pequeños negocios competir más efectivamente con las grandes cadenas.

Caso 4: Adyen - Soluciones de Pago

Adyen ofrece una plataforma de pagos global que permite a las empresas aceptar pagos en múltiples monedas y métodos de pago. Su solución ha sido adoptada por gigantes del comercio electrónico como eBay y Uber.

Caso 5: Robinhood - Inversión en Acciones

Robinhood ha democratizado el acceso a los mercados financieros al ofrecer una plataforma de inversión en acciones sin comisiones. Su enfoque en una experiencia de usuario simplificada ha atraído a una nueva generación de inversores.

Conclusiones

Superar los desafíos del liderazgo en la transformación financiera requiere habilidades de comunicación, adaptabilidad y una comprensión profunda de las dinámicas organizativas. Los líderes deben abordar la resistencia al cambio, gestionar eficazmente el cambio, desarrollar las habilidades de los empleados y mantener un enfoque centrado en el cliente. Al hacerlo, pueden allanar el camino hacia una transformación financiera exitosa y llevar a sus organizaciones hacia un futuro más innovador y competitivo.

La transformación digital está cambiando la forma en que las entidades financieras operan y se relacionan con sus clientes. Estos cinco casos demuestran que la adopción de tecnologías emergentes no solo mejora la eficiencia operativa, sino que también puede generar nuevas oportunidades de negocio.

3.3 Re-imaginando la experiencia del cliente

En esta sección, analizamos cómo la tecnología puede mejorar significativamente la interacción entre las entidades financieras y sus clientes. Exploramos la importancia de los canales digitales, la personalización de servicios y la incorporación de herramientas de atención al cliente basadas en IA. También destacamos la necesidad de construir relaciones sólidas en un entorno cada vez más virtual.

Medición y Evaluación del Éxito en la Transformación Financiera

La transformación financiera requiere un enfoque medible y orientado a resultados para evaluar su éxito. Medir el impacto de los cambios implementados permite a las entidades financieras comprender si están alcanzando sus objetivos y ajustar su enfoque según sea necesario. En este subcapítulo, exploraremos la importancia de la medición y evaluación del éxito en la transformación financiera, así como las métricas clave que las instituciones pueden utilizar para evaluar su progreso.

Definición de Objetivos Medibles

Antes de iniciar cualquier transformación financiera, las entidades financieras deben establecer objetivos claros y medibles. Estos objetivos pueden incluir mejoras en la eficiencia operativa, aumento de la satisfacción del cliente, expansión a nuevos mercados o la introducción de nuevos productos y servicios. Establecer objetivos específicos y cuantificables brinda una base sólida para medir el éxito y evaluar el impacto de la transformación.

Métricas Clave de Rendimiento

Las métricas clave de rendimiento (KPIs) son indicadores cuantificables que permiten a las entidades financieras medir y evaluar el progreso hacia sus objetivos. Algunos ejemplos de KPIs relevantes para la transformación financiera incluyen:

1. Eficiencia Operativa: Métricas como la reducción del tiempo de procesamiento, la disminución de errores y la mejora en los tiempos de respuesta pueden indicar una mayor eficiencia operativa.

2. Experiencia del Cliente: Las métricas relacionadas con la satisfacción del cliente, la retención y la lealtad pueden indicar cómo la transformación está impactando la percepción de los clientes sobre los servicios financieros.

3. Innovación de Productos: La introducción y adopción de nuevos productos y servicios pueden medirse a través de métricas como la tasa de adopción y la diversificación de la cartera de productos.

4. Crecimiento de Ingresos: El aumento en los ingresos generados por los nuevos productos y servicios, así como la expansión a nuevos mercados, puede ser una métrica clave de éxito.

5. Reducción de Costos: La transformación financiera a menudo busca optimizar los costos operativos. Las métricas que miden la reducción de costos y la eficiencia en el uso de recursos pueden ser indicadores importantes.

6. Adopción de Tecnología: La implementación y adopción de nuevas tecnologías pueden medirse a través de métricas como la tasa de adopción de herramientas digitales y la utilización de plataformas en línea.

Evaluación Continua y Ajuste de Estrategia

La medición y evaluación del éxito en la transformación financiera debe ser un proceso continuo. A medida que se recopilan datos y se analizan las métricas, las entidades financieras pueden identificar áreas en las que están logrando el éxito y áreas que requieren ajustes. La información recopilada puede utilizarse para tomar decisiones informadas y ajustar la estrategia de transformación según sea necesario.

Comunicación y Transparencia

La comunicación transparente sobre los resultados de la transformación financiera es esencial para mantener a todos los accionistas informados y comprometidos. Esto incluye a los empleados, clientes, inversores y otros actores relevantes. La comunicación efectiva sobre los logros alcanzados y los desafíos enfrentados puede aumentar la confianza y el apoyo en el proceso de transformación.

Conclusiones

La medición y evaluación del éxito en la transformación financiera proporciona una guía esencial para las entidades financieras mientras avanzan en su viaje de cambio. Establecer objetivos medibles, definir métricas clave de rendimiento y realizar una evaluación continua permite a las organizaciones comprender su progreso, identificar áreas de mejora y ajustar su enfoque según sea necesario. Al enfocarse en resultados tangibles, las entidades financieras pueden maximizar el impacto de su transformación y lograr un éxito duradero.

3.4 Optimización de procesos internos y automatización

Aquí nos centramos en cómo las entidades financieras pueden aumentar la eficiencia y reducir los costos mediante la automatización de procesos internos. Discutimos el potencial de la robótica y la automatización de procesos con ejemplos específicos de cómo estas tecnologías están siendo implementadas en áreas como el procesamiento de transacciones, la gestión de riesgos y el cumplimiento normativo.

En este capítulo, exploramos cómo la adopción de tecnologías innovadoras puede permitir a las entidades financieras transformarse y prosperar en el entorno digital en constante cambio. A través de ejemplos reales y análisis detallados, los lectores obtendrán una comprensión profunda de cómo aprovechar las oportunidades tecnológicas para lograr una transformación exitosa en la industria financiera.

Mantenimiento y Sostenibilidad de la Transformación Financiera

La transformación financiera no es solo un proyecto a corto plazo, sino un proceso continuo que requiere mantenimiento y sostenibilidad a lo largo del tiempo. Una vez que se han implementado los cambios y se han logrado los objetivos iniciales, las entidades financieras deben asegurarse de que la transformación continúe brindando beneficios y se adapte a las evoluciones del entorno financiero. En este subcapítulo, exploraremos la importancia del mantenimiento y la sostenibilidad en la transformación financiera, así como las estrategias para lograr una transformación duradera.

Monitoreo y Mejora Continua

El monitoreo constante es esencial para garantizar que los cambios implementados continúen generando los resultados deseados. Las entidades financieras deben establecer procesos para recopilar y analizar datos relevantes, evaluando cómo las métricas clave de rendimiento están evolucionando con el tiempo. Esto permite a las organizaciones identificar tendencias, detectar posibles problemas y realizar ajustes o mejoras cuando sea necesario.

Flexibilidad y Adaptabilidad

El entorno financiero es dinámico y está en constante evolución. Por lo tanto, las estrategias de transformación también deben ser flexibles y capaces de adaptarse a los cambios en el mercado, la tecnología y las regulaciones. Las entidades financieras deben estar dispuestas a ajustar su enfoque y adoptar nuevas iniciativas a medida que surjan nuevas oportunidades y desafíos.

Cultura de Innovación Duradera

La sostenibilidad de la transformación financiera se basa en la construcción de una cultura de innovación duradera. Esto implica fomentar un entorno en el que la innovación sea valorada y alentada en todos los niveles de la organización. Los líderes deben seguir empoderando a los empleados para proponer nuevas ideas, experimentar con enfoques no convencionales y aprender de los fracasos.

Formación y Desarrollo Continuo

A medida que las tecnologías y las mejores prácticas evolucionan, los empleados deben mantenerse actualizados y adquirir nuevas habilidades. Las entidades financieras deben invertir en programas de formación y desarrollo continuo para garantizar que sus equipos estén preparados para abordar los desafíos cambiantes. Esto puede incluir la formación en nuevas tecnologías, habilidades de liderazgo y desarrollo de competencias digitales.

Comunicación y Participación de los accionistas

Mantener a los accionistas informados y comprometidos es esencial para la sostenibilidad de la transformación financiera. Esto incluye la comunicación regular con empleados, clientes, inversores y otras partes interesadas. La retroalimentación de los accionistas puede proporcionar información valiosa sobre cómo se están experimentando los cambios y qué áreas pueden requerir ajustes adicionales.

Planificación a Largo Plazo

La sostenibilidad de la transformación financiera requiere una planificación a largo plazo. Las entidades financieras deben desarrollar estrategias y planes que aborden no solo los objetivos inmediatos, sino también las metas y desafíos a más largo plazo. La planificación a largo plazo permite a las organizaciones mantener un enfoque constante en la mejora continua y la adaptación al cambio.

Conclusiones

La sostenibilidad de la transformación financiera es esencial para garantizar que los beneficios generados por el cambio sean duraderos y se adapten a las evoluciones del entorno financiero. Las entidades financieras deben mantener un enfoque constante en el monitoreo, la mejora continua y la adaptación a medida que avanzan en su viaje de transformación. Al adoptar una cultura de innovación, mantenerse actualizados y comprometerse con los accionistas, las organizaciones pueden asegurarse de que su transformación financiera sea sostenible a largo plazo.

Capítulo 4: Estrategias para la transformación financiera

En este capítulo, exploramos en detalle las estrategias que las entidades financieras pueden adoptar para abordar la transformación financiera en el contexto de un entorno digital en constante cambio. Analizamos cómo Re imaginar la experiencia del cliente y optimizar los procesos internos puede impulsar la eficiencia y la innovación en toda la organización.

En esta sección, destacamos la importancia de poner al cliente en el centro de la transformación financiera. Discutimos cómo las entidades financieras pueden utilizar la tecnología para ofrecer experiencias de cliente más personalizadas, intuitivas y accesibles. Exploramos cómo la analítica de datos y la inteligencia artificial pueden ayudar a comprender mejor las necesidades y preferencias de los clientes, permitiendo la creación de soluciones financieras más relevantes y atractivas.

4.1 Ética y Responsabilidad en la Transformación Financiera

La transformación financiera no solo se trata de adoptar nuevas tecnologías y mejorar la eficiencia, sino también de garantizar que estos cambios se realicen de manera ética y responsable. A medida que las entidades financieras evolucionan y adoptan nuevas prácticas, es esencial considerar el impacto en los clientes, la sociedad y el entorno en general. En este subcapítulo, exploraremos la importancia de la ética y la responsabilidad en la transformación financiera, así como las estrategias para asegurar que los cambios se realicen de manera ética y sostenible.

Consideraciones Éticas en la Transformación Financiera

La transformación financiera puede plantear dilemas éticos en áreas como la privacidad de los datos, la transparencia, la equidad y la toma de decisiones automatizada. Por ejemplo, la recopilación y el uso de datos personales deben realizarse de manera transparente y respetuosa con la privacidad de los individuos. La toma de decisiones automatizada debe ser transparente y equitativa, evitando sesgos injustos.

Responsabilidad Social y Ambiental

Las entidades financieras también tienen una responsabilidad social y ambiental en su transformación. La adopción de prácticas sostenibles y la consideración de factores sociales y ambientales en las decisiones empresariales son fundamentales para garantizar que la transformación no tenga un impacto negativo en la sociedad y el planeta. Esto podría incluir la inversión en proyectos sostenibles y la adopción de prácticas comerciales éticas.

Transparencia y Comunicación Responsable

La transparencia en la transformación financiera es esencial para construir la confianza de los clientes y otros accionistas. Las entidades financieras deben comunicar de manera clara y honesta los cambios que están implementando, cómo impactarán a los clientes y qué medidas se están tomando para abordar consideraciones éticas y sociales.

Participación de los accionistas y Toma de Decisiones Colaborativa

Involucrar a los accionistas en el proceso de transformación puede ayudar a garantizar que sus voces sean escuchadas y sus preocupaciones sean abordadas. Las entidades financieras pueden adoptar enfoques colaborativos para la toma de decisiones, permitiendo que los clientes, empleados y otros actores influyan en las direcciones que toma la transformación.

Evaluación de Impacto Social y Ético

Antes y durante la transformación financiera, las entidades financieras deben llevar a cabo evaluaciones de impacto social y ético para comprender cómo los cambios podrían afectar a diferentes grupos de personas y al entorno en general. Esto puede ayudar a identificar posibles riesgos éticos y sociales antes de implementar cambios y permitir la adopción de medidas preventivas.

Cultura de Ética y Responsabilidad

Fomentar una cultura de ética y responsabilidad es fundamental para garantizar que la transformación financiera se realice de manera sostenible y ética. Los líderes deben ejemplificar comportamientos éticos y alentar a los empleados a tomar decisiones basadas en valores. La capacitación en ética y la promoción de una cultura de cumplimiento también son esenciales.

Conclusiones

La ética y la responsabilidad son componentes críticos en la transformación financiera. Las entidades financieras deben considerar el impacto de sus cambios en los clientes, la sociedad y el entorno, y tomar medidas para garantizar que se realicen de manera ética y sostenible. Al adoptar prácticas transparentes, involucrar a los accionistas y cultivar una cultura de ética y responsabilidad, las organizaciones pueden lograr una transformación financiera que beneficie a todos los involucrados de manera positiva y duradera.

4.2 Cumplimiento Regulatorio en la Transformación Financiera

Aquí nos adentramos en la optimización de las operaciones internas como una estrategia clave para la transformación financiera. Discutimos cómo la automatización de procesos puede aumentar la eficiencia, reducir los costos y minimizar los errores. Exploramos ejemplos de cómo las entidades financieras están implementando la automatización en áreas como la gestión de riesgos, el cumplimiento normativo y la generación de informes financieros.

En el entorno financiero altamente regulado, el cumplimiento regulatorio es un componente crítico en cualquier proceso de transformación. Las entidades financieras deben asegurarse de que los cambios implementados cumplan con las leyes y regulaciones aplicables para evitar riesgos legales y sanciones. En este subcapítulo, exploraremos la importancia del cumplimiento regulatorio en la transformación financiera, así como las estrategias para garantizar que los cambios sean conformes con las normativas vigentes.

Comprensión de las Regulaciones Financieras

Las regulaciones financieras están diseñadas para garantizar la integridad, la estabilidad y la protección de los sistemas financieros y los consumidores. Antes de iniciar cualquier transformación, las entidades financieras deben comprender las regulaciones que se aplican a su industria y asegurarse de que los cambios propuestos no entren en conflicto con estas normativas.

Ley Fintech

La Ley Fintech en México, oficialmente conocida como la Ley para Regular las Instituciones de Tecnología Financiera, fue promulgada en 2018 con el propósito de regular y supervisar las actividades financieras llevadas a cabo por empresas tecnológicas en el país. Esta legislación es un paso importante para promover la innovación en el sector financiero y brindar mayor seguridad a los usuarios de servicios financieros digitales.

La Ley Fintech se divide en varios capítulos que abordan diferentes aspectos. Uno de los aspectos clave es la regulación de las instituciones de tecnología financiera (ITFs), que incluyen plataformas de financiamiento colectivo (crowdfunding), monederos electrónicos, y empresas de fondos de pago electrónico. Estas ITFs deben registrarse ante la Comisión Nacional Bancaria y de Valores (CNBV) y cumplir con requisitos específicos para operar de manera legal.

Además, la Ley establece reglas para la protección de los usuarios, incluyendo la obligación de divulgar información clara y transparente sobre los servicios financieros ofrecidos, así como medidas de seguridad para proteger los datos personales y financieros de los usuarios.

Otro punto importante es la regulación de las criptomonedas y activos virtuales. La Ley Fintech establece que las criptomonedas son consideradas como activos virtuales y establece requisitos para las empresas que deseen operar con ellas, incluyendo medidas contra el lavado de dinero y la prevención de actividades ilícitas.

En resumen, la Ley Fintech en México es una legislación crucial que busca fomentar la innovación en el sector financiero al tiempo que protege a los usuarios y garantiza la seguridad en las operaciones financieras digitales. Ha sentado las bases para un ecosistema financiero tecnológicamente avanzado en el país.

Es importante mencionar que este es un resumen general y que la ley contiene más detalles y disposiciones específicas. Si deseas obtener información más detallada o específica sobre algún aspecto de la Ley Fintech en México, no dudes en preguntar.
Principio del formulario

Incorporación de Requisitos Regulatorios en el Diseño de la Transformación

El cumplimiento regulatorio debe ser considerado desde las primeras etapas de la transformación financiera. Las entidades financieras deben incorporar los requisitos regulatorios en el diseño de sus cambios, asegurándose de que todas las nuevas prácticas y tecnologías sean conformes con las regulaciones pertinentes.

Evaluación de Riesgos y Auditoría Interna

Antes de implementar cualquier cambio, las entidades financieras deben llevar a cabo una evaluación de riesgos para identificar posibles áreas de incumplimiento regulatorio. La auditoría interna también puede ser útil para revisar los procesos existentes y asegurarse de que se sigan las prácticas adecuadas.

Colaboración con Expertos en Cumplimiento Regulatorio

Las entidades financieras deben colaborar con expertos en cumplimiento regulatorio, ya sea internos o externos, para asegurarse de que se estén cumpliendo todas las normativas. Estos expertos pueden brindar asesoramiento sobre cómo adaptar los cambios propuestos para cumplir con los requisitos legales.

Actualización Continua sobre Regulaciones Cambiantes

Las regulaciones financieras pueden cambiar con el tiempo debido a cambios en la legislación y en el entorno económico. Las entidades financieras deben mantenerse actualizadas sobre las regulaciones cambiantes y ajustar su transformación en consecuencia. La falta de cumplimiento puede resultar en sanciones financieras y daños a la reputación.

Educación y Capacitación del Personal

Todos los empleados, desde la alta dirección hasta los equipos operativos, deben comprender la importancia del cumplimiento regulatorio en la transformación financiera. La educación y la capacitación adecuadas son esenciales para garantizar que todos estén al tanto de las regulaciones y comprendan cómo sus acciones pueden impactar el cumplimiento.

Conclusiones

El cumplimiento regulatorio es un aspecto fundamental en cualquier transformación financiera. Las entidades financieras deben asegurarse de que los cambios propuestos cumplan con las regulaciones vigentes y que los riesgos legales se minimicen. Al incorporar el cumplimiento regulatorio en el diseño, trabajar con expertos en el campo y mantenerse actualizados sobre las regulaciones cambiantes, las organizaciones pueden lograr una transformación financiera exitosa y conforme con las normativas.

4.3 Creación de una cultura de innovación

En esta sección, abordamos cómo fomentar una cultura organizativa que respalde la innovación y el cambio. Discutimos la importancia de fomentar la colaboración, la creatividad y la mentalidad de prueba y error en toda la organización. Exploramos cómo las empresas pueden establecer entornos en los que los empleados se sientan empoderados para proponer nuevas ideas y experimentar con soluciones innovadoras.

Gestión de Riesgos en la Transformación Financiera

La transformación financiera conlleva riesgos inherentes que deben ser identificados, evaluados y gestionados de manera efectiva. Estos riesgos pueden abarcar desde desafíos tecnológicos hasta cambios en la cultura organizativa. En este subcapítulo, exploraremos la importancia de la gestión de riesgos en la transformación financiera y cómo las entidades financieras pueden abordar estos riesgos de manera proactiva.

Identificación de Riesgos Potenciales

Antes de iniciar la transformación, las entidades financieras deben llevar a cabo una identificación exhaustiva de los riesgos potenciales. Esto puede incluir riesgos tecnológicos como fallas en la implementación de nuevas soluciones, riesgos operativos relacionados con cambios en los procesos y riesgos de seguridad cibernética debido a la adopción de tecnologías digitales.

Evaluación y Priorización de Riesgos

Una vez que se han identificado los riesgos, es importante evaluar su impacto potencial y su probabilidad de ocurrencia. Esta evaluación permite a las entidades financieras priorizar los riesgos y centrar sus esfuerzos en los desafíos que tienen el mayor potencial de impacto negativo.

Desarrollo de Estrategias de Mitigación de Riesgos

Las entidades financieras deben desarrollar estrategias para mitigar los riesgos identificados. Esto podría incluir la implementación de medidas de seguridad cibernética, la realización de pruebas de penetración para identificar vulnerabilidades o el establecimiento de planes de contingencia en caso de fallas en la implementación.

Monitorización y Control Continuos

La gestión de riesgos no es un proceso único, sino continuo. Las entidades financieras deben establecer sistemas de monitorización y control para supervisar el estado de los riesgos y tomar medidas rápidas si se detectan desviaciones. La monitorización constante es esencial para garantizar que los riesgos se gestionen de manera efectiva a medida que la transformación avanza.

Gestión de Riesgos Tecnológicos

Dado que muchas transformaciones financieras involucran la adopción de nuevas tecnologías, los riesgos tecnológicos deben abordarse de manera especial. Esto podría incluir la evaluación de proveedores tecnológicos, la implementación de medidas de seguridad cibernética y la planificación de contingencias en caso de interrupciones en los sistemas tecnológicos.

Cultura de Gestión de Riesgos

La gestión de riesgos debe estar arraigada en la cultura organizativa. Las entidades financieras deben fomentar una cultura en la que la identificación y la mitigación de riesgos sean responsabilidades compartidas por todos los niveles de la organización. Esto puede implicar la capacitación en gestión de riesgos y la promoción de la comunicación abierta sobre riesgos potenciales.

Conclusiones

La gestión de riesgos es esencial para asegurar que la transformación financiera se realice de manera exitosa y sostenible. Identificar, evaluar y mitigar riesgos potenciales permite a las entidades financieras abordar los desafíos de manera proactiva y evitar posibles obstáculos en el camino hacia la transformación. Al establecer estrategias de mitigación, monitorear continuamente los riesgos y cultivar una cultura de gestión de riesgos, las organizaciones pueden minimizar la posibilidad de impactos negativos y maximizar los beneficios de su transformación financiera.

4.4 Implementación estratégica de la tecnología

Aquí analizamos cómo las entidades financieras pueden tomar decisiones informadas sobre la implementación de tecnologías clave. Discutimos la necesidad de alinear las inversiones tecnológicas con los objetivos estratégicos de la organización. Exploramos cómo las empresas pueden evaluar soluciones tecnológicas, mitigar riesgos y asegurarse de que las tecnologías elegidas sean escalables y sostenibles a largo plazo.

Este capítulo ofrece una guía detallada para que las entidades financieras desarrollen estrategias efectivas para la transformación financiera. Al adoptar enfoques centrados en el cliente, optimizar procesos internos y fomentar la innovación, las organizaciones estarán mejor preparadas para enfrentar los desafíos y las oportunidades en el mundo financiero en constante cambio.

Seguridad Cibernética en la Transformación Financiera

En la era digital, la seguridad cibernética se ha convertido en una preocupación crítica para las entidades financieras que buscan transformarse. La adopción de nuevas tecnologías y la digitalización de los procesos financieros pueden aumentar la exposición a amenazas cibernéticas. En este subcapítulo, exploraremos la importancia de la seguridad cibernética en la transformación financiera y cómo las organizaciones pueden protegerse de las amenazas en línea.

Aumento de la Superficie de Ataque

La transformación financiera a menudo implica la adopción de sistemas y plataformas digitales que aumentan la superficie de ataque para los ciberdelincuentes. Las entidades financieras deben reconocer que cada nuevo sistema o aplicación digital representa una nueva oportunidad para los atacantes, por lo que deben tomar medidas para proteger cada punto de entrada.

Identificación de Amenazas y Vulnerabilidades

Las entidades financieras deben identificar posibles amenazas y vulnerabilidades en sus sistemas y plataformas digitales. Esto podría incluir la realización de pruebas de penetración, análisis de vulnerabilidades y auditorías de seguridad para evaluar el nivel de riesgo y tomar medidas preventivas.

Implementación de Medidas de Seguridad Cibernética

Las medidas de seguridad cibernética deben implementarse a lo largo de todo el proceso de transformación financiera. Esto podría incluir la adopción de soluciones de firewall, sistemas de detección y prevención de intrusiones, cifrado de datos y autenticación de dos factores. Además, las organizaciones deben asegurarse de que las soluciones de seguridad estén actualizadas para enfrentar las amenazas emergentes.

Educación y Concienciación de los Empleados

La seguridad cibernética no es solo una cuestión tecnológica, sino que también depende en gran medida del comportamiento y la concienciación de los empleados. Las entidades financieras deben proporcionar capacitación en seguridad cibernética para asegurarse de que los empleados estén al tanto de las mejores prácticas de seguridad y sean capaces de identificar posibles amenazas.

Respuesta a Incidentes de Seguridad

A pesar de todas las precauciones, los incidentes de seguridad cibernética pueden ocurrir. Las entidades financieras deben establecer planes de respuesta a incidentes para abordar eficazmente cualquier violación de seguridad. Esto podría incluir medidas para contener y mitigar el daño, así como para notificar a los afectados y cumplir con los requisitos legales de informe.

Colaboración con Expertos en Seguridad Cibernética

Dado que la seguridad cibernética es un campo altamente especializado, las entidades financieras deben considerar la colaboración con expertos en seguridad cibernética. Estos profesionales pueden brindar asesoramiento y asistencia en la implementación de soluciones de seguridad, así como en la detección y respuesta a amenazas.

Conclusiones

La seguridad cibernética es un componente crucial en la transformación financiera en el mundo digital actual. Las entidades financieras deben reconocer la importancia de proteger sus sistemas y datos de amenazas cibernéticas y tomar medidas para identificar, prevenir y responder a posibles incidentes de seguridad. Al implementar medidas de seguridad cibernética, educar a los empleados y colaborar con expertos en el campo, las organizaciones pueden asegurarse de que su transformación financiera se realice de manera segura y protegida.

Por supuesto, aquí tienes una descripción detallada del Capítulo 5: "Ciberseguridad y privacidad en el entorno financiero":

Capítulo 5: Ciberseguridad y privacidad en el entorno financiero

En este capítulo, exploramos a fondo los desafíos críticos relacionados con la ciberseguridad y la privacidad que enfrentan las entidades financieras en un mundo cada vez más digital. Analizamos las amenazas cibernéticas y las estrategias para proteger los datos sensibles de los clientes, así como los marcos normativos que guían la seguridad de la información financiera.

5.1 Amenazas digitales en el sector financiero

En esta sección, examinamos las diversas amenazas cibernéticas que enfrentan las entidades financieras, desde el phishing y el malware hasta el robo de datos y los ataques de ransomware. Discutimos cómo las organizaciones pueden identificar y mitigar estas amenazas a través de prácticas de seguridad informática sólidas, educación del personal y la implementación de tecnologías avanzadas de detección y prevención.

Medición del Impacto de la Transformación Financiera

La medición del impacto de la transformación financiera es esencial para evaluar si los cambios implementados han logrado los resultados deseados y para informar futuras decisiones estratégicas. En este subcapítulo, exploraremos la importancia de medir el impacto de la transformación financiera y cómo las entidades financieras pueden abordar esta evaluación de manera efectiva.

Establecimiento de Indicadores de Rendimiento

Antes de iniciar la transformación, las entidades financieras deben definir indicadores de rendimiento clave (KPIs) que sean relevantes para los objetivos establecidos. Estos KPIs podrían incluir métricas relacionadas con la eficiencia operativa, la satisfacción del cliente, el crecimiento de ingresos y otros resultados esperados.

Recopilación y Análisis de Datos

Una vez que los cambios se han implementado, las entidades financieras deben recopilar datos relevantes para evaluar el impacto de la transformación. Esto podría incluir datos de operaciones, encuestas de satisfacción del cliente, datos financieros y otros indicadores clave. El análisis de estos datos proporciona información valiosa sobre cómo se están experimentando los cambios y si se están logrando los objetivos.

Comparación con el Estado Inicial

Para medir el impacto de la transformación, las entidades financieras deben comparar los resultados obtenidos con el estado inicial antes de la transformación. Esto permite identificar mejoras y determinar si los cambios han generado los resultados esperados. La comparación con datos históricos también puede ayudar a comprender el progreso a lo largo del tiempo.

Evaluación de Beneficios Tangibles e Intangibles

El impacto de la transformación financiera puede ser tanto tangible como intangible. Los beneficios tangibles podrían incluir ahorros de costos, aumento de ingresos y mejora en la eficiencia operativa. Los beneficios intangibles podrían ser mejoras en la cultura organizacional, mayor agilidad en la toma de decisiones y una mayor capacidad de adaptación al entorno cambiante.

Encuestas y Retroalimentación de los accionistas

Además de los datos cuantitativos, las entidades financieras pueden recopilar información cualitativa a través de encuestas y retroalimentación de los accionistas. Las encuestas de satisfacción del cliente y de los empleados pueden brindar información valiosa sobre cómo se están experimentando los cambios y si se están cumpliendo las expectativas.

Ajuste y Mejora Continua

La medición del impacto de la transformación financiera debe ser un proceso continuo. A medida que se recopilan y analizan los datos, las entidades financieras pueden identificar áreas de mejora y ajustar su enfoque para maximizar los resultados. La mejora continua es esencial para mantener la relevancia y el éxito a lo largo del tiempo.

Ejemplos de algunas de las amenazas digitales en el sector financiero

Phishing: Los ataques de phishing son comunes en México, donde los delincuentes envían correos electrónicos o mensajes de texto fraudulentos que parecen ser de instituciones financieras legítimas. Solicitan información confidencial, como contraseñas o números de tarjeta de crédito.

Malware: La propagación de malware es una amenaza constante. Los hackers pueden utilizar software malicioso para infectar sistemas financieros, robar datos o incluso tomar el control de dispositivos y cuentas.

Ransomware: Las instituciones financieras en México también enfrentan amenazas de ransomware. Los ciberdelincuentes pueden cifrar los datos sensibles y exigir un rescate para descifrarlos, lo que puede tener un impacto significativo en la operación y la seguridad de los datos.

Ataques DDoS: Los ataques de denegación de servicio distribuido (DDoS) pueden paralizar los servicios financieros al inundar los servidores con tráfico malicioso, lo que provoca la interrupción de los servicios en línea.

Robo de Identidad: El robo de identidad es una amenaza constante en el sector financiero. Los delincuentes pueden obtener información personal de clientes y utilizarla para cometer fraudes financieros.

Vulnerabilidades en Aplicaciones Financieras: Las aplicaciones financieras móviles y en línea pueden contener vulnerabilidades que podrían ser explotadas por ciberdelincuentes para acceder a cuentas de usuarios o realizar transacciones no autorizadas.

Ingeniería Social: Los atacantes a menudo intentan manipular a empleados o clientes mediante ingeniería social para obtener información confidencial o acceso a sistemas financieros.

Regulaciones Cambiantes: Las regulaciones y leyes en constante evolución relacionadas con la seguridad cibernética pueden presentar desafíos para las instituciones financieras en México, ya que deben cumplir con los estándares de seguridad.

Para combatir estas amenazas, es crucial que las instituciones financieras en México inviertan en medidas de seguridad cibernética robustas, capaciten a su personal y estén al tanto de las últimas tendencias en ciberseguridad.

Conclusiones

La medición del impacto de la transformación financiera es esencial para evaluar el éxito de los cambios implementados. Al establecer indicadores de rendimiento, recopilar y analizar datos, y comparar los resultados con el estado inicial, las entidades financieras pueden obtener información valiosa sobre cómo la transformación ha afectado a la organización. Esto permite tomar decisiones informadas y ajustar la estrategia según sea necesario para lograr un impacto positivo y duradero.

5.2 Protección de datos y privacidad del cliente

Aquí nos adentramos en la importancia de proteger la información personal y financiera de los clientes. Exploramos cómo las regulaciones como el Reglamento General de Protección de Datos (GDPR) y las leyes locales de privacidad impactan a las entidades financieras. Discutimos las mejores prácticas para la recopilación, el almacenamiento y el uso seguro de los datos de los clientes, así como la importancia de la transparencia en la gestión de la privacidad.

Lecciones Aprendidas y Mejores Prácticas en la Transformación Financiera

La transformación financiera es un proceso desafiante que implica diversos aspectos, desde la tecnología hasta la cultura organizativa. A lo largo del proceso, las entidades financieras pueden aprender lecciones valiosas que pueden aplicarse en futuras transformaciones. En este subcapítulo, exploraremos las lecciones aprendidas y las mejores prácticas en la transformación financiera para ayudar a las organizaciones a lograr un éxito sostenible.

Flexibilidad y Adaptabilidad

La transformación financiera debe ser flexible y capaz de adaptarse a los cambios en el entorno financiero, tecnológico y regulatorio. Las organizaciones deben estar dispuestas a ajustar su enfoque y adoptar nuevas estrategias a medida que surgen desafíos y oportunidades.

Involucramiento de accionistas

Involucrar a los accionistas desde el principio es crucial para el éxito de la transformación. Esto incluye a los empleados, clientes, inversores y otros actores relevantes. La retroalimentación de los accionistas puede proporcionar perspectivas valiosas y ayudar a garantizar que los cambios se alineen con las necesidades y expectativas.

Comunicación Clara y Constante

La comunicación transparente y constante es esencial durante todo el proceso de transformación. Mantener a todos los involucrados informados sobre los objetivos, el progreso y los desafíos ayuda a mantener el compromiso y la confianza en el proceso.

Alineación con la Estrategia Organizativa

La transformación financiera debe estar alineada con la estrategia global de la organización. Los cambios implementados deben contribuir a los objetivos a largo plazo y a la visión de la empresa. Esto garantiza que la transformación sea coherente con la dirección general de la organización.

Gestión de Cambio Efectiva

La gestión de cambio es clave para mitigar la resistencia y asegurarse de que los empleados estén dispuestos a adoptar los cambios. Proporcionar capacitación, comunicación clara y apoyo durante el proceso de transformación ayuda a crear una cultura receptiva al cambio.

Enfoque en Resultados Tangibles

Los cambios implementados deben conducir a resultados tangibles y medibles. Establecer objetivos claros y definir indicadores clave de rendimiento permite evaluar el éxito y ajustar el enfoque según sea necesario.

Aprendizaje Continuo

La transformación financiera es un proceso de aprendizaje continuo. Las entidades financieras deben estar dispuestas a aprender de los éxitos y desafíos, y aplicar esas lecciones en futuras transformaciones.

Conclusiones

Las lecciones aprendidas y las mejores prácticas en la transformación financiera pueden guiar a las entidades financieras hacia el éxito. Al ser flexibles, involucrar a los accionistas, comunicarse de manera efectiva y mantener un enfoque en resultados tangibles, las organizaciones pueden lograr una transformación que sea sostenible y que contribuya al crecimiento y la innovación en la industria financiera.

5.3 Cumplimiento normativo y estándares de seguridad

En esta sección, analizamos los marcos normativos y los estándares de seguridad que guían las prácticas de ciberseguridad en el sector financiero. Discutimos cómo las entidades financieras deben cumplir con requisitos específicos para proteger la información confidencial y garantizar la integridad de las transacciones. Exploramos ejemplos de estándares reconocidos, como PCI DSS (Estándar de Seguridad de Datos para la Industria de Tarjetas de Pago) y cómo pueden aplicarse en un entorno financiero.

Futuras Tendencias en la Transformación Financiera

La transformación financiera es un proceso en constante evolución, impulsado por avances tecnológicos, cambios en el comportamiento del consumidor y nuevos desafíos del entorno financiero. En este subcapítulo, exploraremos algunas de las futuras tendencias que podrían influir en la transformación financiera y cómo las entidades financieras pueden prepararse para abrazar estas tendencias.

Inteligencia Artificial y Automatización Avanzada

La inteligencia artificial (IA) y la automatización continuarán desempeñando un papel fundamental en la transformación financiera. Las entidades financieras pueden aprovechar la IA para mejorar la toma de decisiones, ofrecer experiencias personalizadas a los clientes y automatizar tareas complejas, como la detección de fraudes.

Banca Digital y Experiencia del Cliente

La banca digital seguirá creciendo en importancia a medida que los consumidores demandan experiencias más convenientes y personalizadas. Las entidades financieras deberán centrarse en mejorar la experiencia del cliente en canales digitales, como aplicaciones móviles y plataformas en línea, para mantenerse competitivas.

Tecnología Blockchain y Criptomonedas

La tecnología blockchain tiene el potencial de transformar la gestión de activos financieros, la seguridad de las transacciones y la prevención del fraude. Las criptomonedas y los activos digitales también pueden desempeñar un papel en la transformación de la industria financiera, aunque con desafíos regulatorios y de seguridad que deben abordarse.

Ciberseguridad y Protección de Datos

Con la creciente dependencia de la tecnología, la ciberseguridad y la protección de datos seguirán siendo una prioridad. Las entidades financieras deben fortalecer sus medidas de seguridad cibernética para proteger la información confidencial de los clientes y mitigar el riesgo de ciberataques.

Enfoque en la Sostenibilidad Financiera y Ambiental

La sostenibilidad financiera y ambiental se convertirá en un enfoque clave en la transformación financiera. Las entidades financieras deberán considerar cómo sus decisiones y prácticas comerciales impactan tanto en la rentabilidad como en el medio ambiente, y adoptar enfoques más sostenibles.

Regulación y Cumplimiento Evolutivos

Las regulaciones financieras continuarán evolucionando en respuesta a los avances tecnológicos y los cambios en la industria. Las entidades financieras deben estar preparadas para adaptarse a las regulaciones cambiantes y garantizar que sus prácticas cumplan con los estándares regulatorios.

Conclusiones

Las futuras tendencias en la transformación financiera ofrecen oportunidades emocionantes y desafíos dinámicos para las entidades financieras. Al abrazar la inteligencia artificial, la banca digital, la tecnología blockchain y otras tendencias emergentes, las organizaciones pueden mantenerse a la vanguardia de la industria y continuar brindando valor a sus clientes en un entorno financiero en constante cambio.

5.4 Preparación y respuesta ante incidentes

Aquí abordamos la importancia de la preparación y respuesta efectivas ante incidentes de seguridad. Discutimos cómo las organizaciones pueden desarrollar planes de respuesta cibernética, establecer equipos de gestión de incidentes y realizar simulacros para evaluar y mejorar la capacidad de reacción. También exploramos cómo la comunicación transparente con los afectados y las autoridades puede mitigar el impacto de los incidentes de seguridad.

Este capítulo brinda a las entidades financieras una visión completa de los desafíos relacionados con la ciberseguridad y la privacidad en un entorno financiero digital. Al comprender las amenazas y adoptar medidas sólidas de protección de datos, las organizaciones podrán salvaguardar la confianza de los clientes y mantener la integridad de sus operaciones en línea.

Por supuesto, aquí tienes una descripción detallada del Capítulo 6: "Inversiones en el futuro financiero":

Recomendaciones Finales y Conclusión

En este último subcapítulo, presentaremos algunas recomendaciones finales para las entidades financieras que buscan embarcarse en un proceso de transformación exitoso. Además, resumiremos los aspectos clave tratados en el libro y brindaremos una conclusión sobre la importancia de la transformación financiera en un entorno en constante cambio.

Recomendaciones Finales

- Planificación Integral: Antes de comenzar la transformación financiera, realice una planificación exhaustiva que abarque desde la estrategia hasta la gestión de riesgos y la capacitación del personal.

- Involucramiento de accionistas: Involucre a empleados, clientes y otros accionistas desde el principio. La colaboración y la retroalimentación son esenciales para el éxito.

- Cultura de Innovación: Fomente una cultura organizativa que promueva la innovación y la adaptabilidad. Esto permitirá a la organización enfrentar desafíos con confianza.

- Cumplimiento y Ética: Asegúrese de que la transformación cumpla con las regulaciones y se realice de manera ética. La responsabilidad social y la transparencia son esenciales.

- Medición y Mejora Continua: Establezca indicadores de rendimiento, recopile y analice datos y ajuste su enfoque según sea necesario para lograr resultados sostenibles.

Resumen de Aspectos Clave

A lo largo del libro, hemos explorado diversos aspectos de la transformación financiera, desde la planificación y la tecnología hasta la ética y la seguridad cibernética. Hemos destacado la importancia de la adaptabilidad, la comunicación efectiva y la alineación con los objetivos organizativos en todo el proceso.

Conclusión

La transformación financiera es un viaje continuo en un entorno financiero en constante evolución. Las entidades financieras deben estar dispuestas a abrazar la innovación y adaptarse a los cambios para mantener su competitividad y relevancia. Al priorizar la ética, la seguridad, la sostenibilidad y el compromiso de los accionistas, las organizaciones pueden lograr transformaciones exitosas que generen beneficios duraderos para todos los involucrados.

Este libro ha explorado los aspectos clave que las entidades financieras deben considerar en su viaje de transformación. Esperamos que los conocimientos compartidos en estas páginas sirvan como guía y fuente de inspiración para aquellos que buscan enfrentar los desafíos y aprovechar las oportunidades en el mundo en constante cambio de las finanzas.

Capítulo 6: Inversiones en el futuro financiero

En este capítulo, exploramos las tendencias emergentes en el mundo de las inversiones en el sector financiero. Analizamos cómo las fintechs, los startups y otras innovaciones están remodelando el panorama de las inversiones, y cómo las entidades financieras pueden adaptarse y aprovechar estas oportunidades para el beneficio de sus clientes y sus propias operaciones.

6.1 El auge de las fintechs y startups en finanzas

En esta sección, exploramos cómo las fintechs y las startups están transformando la industria de las inversiones. Analizamos cómo estas empresas disruptivas están ofreciendo soluciones novedosas en áreas como la gestión de patrimonios, el crowdfunding, el préstamo peer-to-peer y la inversión automatizada. Discutimos cómo las entidades financieras tradicionales pueden colaborar o competir con estas nuevas empresas para brindar un valor diferenciado a los clientes.

A continuación, te proporciono algunos datos estadísticos sobre la evolución de las fintech a nivel mundial:

Crecimiento de Inversión: La inversión en fintech ha aumentado considerablemente. Según datos de KPMG, la inversión global en fintech alcanzó los 155.6 mil millones de dólares en 2020, a pesar de la pandemia de COVID-19, lo que representa un aumento del 27% en comparación con el año anterior.

Número de Empresas Fintech: El número de empresas fintech sigue en aumento. Según el Informe Global de Fintech de CB Insights, en 2020 había más de 12,000 empresas fintech en todo el mundo, lo que refleja un crecimiento constante en la creación de startups en este sector.

Adopción de Tecnología Financiera: La adopción de tecnología financiera por parte de los consumidores también ha aumentado. Según una encuesta de EY, en 2020, el 64% de los consumidores a nivel mundial utilizaba regularmente servicios fintech, y esta cifra sigue en aumento.

Segmentos de Fintech: Las fintech abarcan una amplia gama de servicios, desde pagos y préstamos hasta gestión de inversiones y seguros. La diversificación de servicios fintech continúa siendo una tendencia importante.

Regulación: La regulación de las fintech varía de un país a otro. Algunos países han implementado regulaciones amigables para fomentar la innovación fintech, mientras que otros han establecido medidas más estrictas para proteger a los consumidores y la estabilidad financiera.

Expansión Internacional: Muchas fintech están buscando expandirse internacionalmente. Empresas como PayPal, Square y Stripe, por ejemplo, han expandido sus operaciones a nivel global.

Tendencias Emergentes: La inteligencia artificial, blockchain y la banca digital son algunas de las tendencias emergentes en el espacio fintech. Estas tecnologías están transformando la forma en que se prestan y se acceden a los servicios financieros.

Estos datos destacan el crecimiento constante y la importancia cada vez mayor de las fintech en la economía global. Como experto en finanzas y tecnología financiera, estar al tanto de estas tendencias y estadísticas puede ser valioso para tu carrera y metas de convertirte en el mejor especialista financiero con aplicaciones tecnológicas eficientes.

Preparación y Ejecución Exitosa de la Transformación Financiera

En este último subcapítulo, abordaremos la preparación y la ejecución exitosa de la transformación financiera. Discutiremos los pasos finales que las entidades financieras deben seguir para garantizar que la transformación se lleve a cabo de manera efectiva y produzca resultados positivos y sostenibles.

Definición de un Plan de Ejecución Detallado

Una vez que se haya completado la planificación estratégica, es esencial definir un plan de ejecución detallado. Este plan debe incluir una cronología clara de las actividades, los responsables de cada tarea y los recursos necesarios. Un plan bien estructurado garantiza que todos los aspectos de la transformación estén bajo control y que se eviten retrasos innecesarios.

Movilización de Recursos y Equipos

La transformación financiera requiere recursos adecuados, incluidos financieros, tecnológicos y de personal. Movilice los recursos necesarios y forme equipos multidisciplinarios que trabajen juntos para implementar los cambios. La colaboración y el compromiso de los equipos son fundamentales para el éxito de la ejecución.

Comunicación Continua y Transparente

Durante la ejecución, la comunicación continua y transparente es clave para mantener a todos los involucrados informados sobre el progreso y cualquier cambio en la planificación. Mantenga a los accionistas al tanto de los hitos alcanzados, los desafíos encontrados y las medidas correctivas implementadas.

Gestión de Riesgos y Solución de Problemas

A medida que se ejecuta la transformación, es probable que surjan desafíos y problemas inesperados. La gestión de riesgos y la capacidad para solucionar problemas de manera efectiva son esenciales para minimizar los impactos negativos en el proceso. Tenga un plan de contingencia en su lugar y aborde los problemas de manera proactiva.

Monitorización y Ajuste Continuos

Durante la ejecución, continúe monitorizando los indicadores clave de rendimiento para evaluar si se están logrando los resultados esperados. Si es necesario, ajuste el enfoque según los datos recopilados y la retroalimentación de los accionistas. La capacidad de adaptación es crucial para mantener la eficacia a medida que cambian las circunstancias.

Celebración de Logros y Lecciones Aprendidas

A medida que se logren hitos y se alcancen objetivos, tome el tiempo para celebrar los logros con su equipo. Al mismo tiempo, identifique y documente las lecciones aprendidas a lo largo del proceso. Estas lecciones pueden ser valiosas para futuras transformaciones y pueden contribuir al aprendizaje organizativo.

Conclusiones

La transformación financiera exitosa requiere una planificación minuciosa, una ejecución cuidadosa y una mentalidad de mejora continua. Al seguir estos pasos finales y mantener un enfoque en la adaptabilidad, la comunicación y la colaboración, las entidades financieras pueden asegurarse de que su transformación sea exitosa y que los beneficios se materialicen en el corto y largo plazo.

6.2 Estrategias de inversión en tecnología financiera

Aquí nos adentramos en las estrategias que las entidades financieras pueden emplear para invertir en tecnología financiera de manera efectiva. Discutimos la importancia de identificar las oportunidades que mejor se alineen con los objetivos de la organización y cómo evaluar la viabilidad y el potencial de retorno de inversión de estas tecnologías. Exploramos ejemplos concretos de instituciones que han implementado soluciones fintech de manera exitosa.

Impacto a Largo Plazo y Visión Futura de la Transformación Financiera

En este último subcapítulo, exploraremos el impacto a largo plazo de la transformación financiera y analizaremos la visión futura de cómo las entidades financieras pueden continuar evolucionando en un mundo en constante cambio.

Sostenibilidad de los Resultados

El impacto a largo plazo de la transformación financiera se refleja en la sostenibilidad de los resultados logrados. Las entidades financieras deben asegurarse de que los cambios implementados no sean solo soluciones a corto plazo, sino que también contribuyan a un crecimiento y éxito sostenibles en el tiempo.

Cambio Cultural Duradero

Uno de los aspectos más significativos del impacto a largo plazo es el cambio cultural duradero. Si la transformación financiera ha sido exitosa, habrá influido en la forma en que la organización opera y en la mentalidad de sus empleados. Esta cultura de adaptabilidad y mejora continua se convierte en un activo valioso para el futuro.

Innovación Constante

La transformación financiera no es un evento único, sino un proceso continuo. Las entidades financieras deben mantenerse a la vanguardia de la innovación, explorar nuevas tecnologías y estrategias, y estar dispuestas a adaptarse a los cambios en el entorno financiero y tecnológico.

Alineación con las Necesidades del Cliente

El impacto a largo plazo también se refleja en la capacidad de las entidades financieras para satisfacer en constante evolución las necesidades y expectativas de los clientes. La transformación debe permitir a las organizaciones brindar experiencias excepcionales y soluciones que resuelvan los problemas reales de sus clientes.

Contribución a la Sociedad y la Economía

Una transformación financiera exitosa puede tener un impacto positivo más allá de la organización misma. Al mejorar la eficiencia, la transparencia y la accesibilidad financiera, las entidades financieras pueden contribuir al crecimiento económico y al bienestar de la sociedad en general.

Visión Futura y Adaptabilidad

En un entorno en constante cambio, las entidades financieras deben tener una visión futura clara y una mentalidad de adaptabilidad. La visión debe ser flexible para abrazar nuevas oportunidades y superar desafíos emergentes. Las organizaciones que pueden anticipar y adaptarse a los cambios estarán mejor preparadas para enfrentar el futuro.

Conclusiones

La transformación financiera no es solo un proceso temporal, sino un compromiso a largo plazo con la mejora continua y la innovación. Al mantener un enfoque en la sostenibilidad de los resultados, el cambio cultural duradero y la adaptabilidad, las entidades financieras pueden asegurarse de que su transformación tenga un impacto a largo plazo y les permita prosperar en el cambiante panorama financiero.

6.3 Impacto de la inteligencia artificial y blockchain en inversiones

En esta sección, analizamos dos tecnologías disruptivas: la inteligencia artificial (IA) y la cadena de bloques (blockchain). Discutimos cómo la IA está siendo utilizada para el análisis predictivo, la gestión de carteras y la detección de patrones de inversión. Además, exploramos cómo la cadena de bloques está revolucionando la transparencia y la eficiencia en la liquidación de transacciones y la gestión de registros, lo que puede tener un impacto significativo en las inversiones financieras.

Invitación a la Acción: Comenzando tu Propia Transformación Financiera

En este último subcapítulo, te invitamos a la acción y te proporcionamos una guía para que puedas comenzar tu propia transformación financiera. Te brindaremos pasos prácticos que puedes seguir para iniciar el proceso y aprovechar las oportunidades que la transformación ofrece.

Autoevaluación y Definición de Objetivos

Comienza por realizar una autoevaluación de tu organización financiera. Identifica las áreas que requieren mejoras y define objetivos claros para la transformación. Estos objetivos deben ser específicos, medibles, alcanzables, relevantes y con plazo (SMART).

Planificación Estratégica Detallada

Desarrolla un plan estratégico detallado que abarque desde la visión hasta las tácticas concretas. Define las estrategias, las iniciativas y los recursos necesarios para lograr tus objetivos de transformación. Asegúrate de involucrar a todas las partes interesadas y de alinear el plan con la estrategia organizativa.

Inversión en Tecnología y Capacitación

Evalúa las tecnologías emergentes que podrían impulsar la transformación financiera en tu organización. Esto podría incluir la implementación de soluciones de inteligencia artificial, automatización de procesos y sistemas de análisis de datos. Asegúrate de invertir en la capacitación adecuada para tus empleados, para que puedan utilizar estas tecnologías de manera efectiva.

Cambio Cultural y Comunicación

Fomenta un cambio cultural que valore la adaptabilidad, la innovación y la colaboración. Comunica de manera efectiva los objetivos de la transformación y los beneficios que traerá. Asegúrate de que todos los empleados comprendan el propósito y estén comprometidos con el proceso.

Gestión de Riesgos y Evaluación de Impacto

Identifica los posibles riesgos y desafíos que podrían surgir durante la transformación. Desarrolla planes de mitigación de riesgos y establece indicadores clave de rendimiento para evaluar el impacto de los cambios implementados.

Ejecución, Monitorización y Aprendizaje Continuo

Ejecuta el plan de transformación de manera disciplinada, manteniendo una monitorización constante de los resultados y ajustando el enfoque según sea necesario. Aprende de los éxitos y desafíos a lo largo del proceso y aplica esas lecciones en futuras transformaciones.

Conclusión y Compromiso con la Transformación

La transformación financiera es un proceso que requiere dedicación y compromiso. Al seguir estos pasos prácticos y mantener un enfoque en la adaptabilidad y la mejora continua, puedes comenzar tu propia transformación financiera y crear un impacto positivo en tu organización y en la industria financiera en general.

Capítulo 7: Liderando el cambio en las entidades financieras

En este capítulo, exploramos el papel crucial del liderazgo en la transformación financiera de las organizaciones. Analizamos cómo los líderes pueden impulsar el cambio, fomentar una cultura de innovación y liderar a sus equipos hacia un futuro más tecnológico y centrado en el cliente.

7.1 Cultura organizativa y adaptación al cambio

En esta sección, destacamos la importancia de cultivar una cultura organizativa que respalde la adaptación al cambio y la innovación. Discutimos cómo los líderes pueden establecer un tono desde arriba, alentando la experimentación y el aprendizaje continuo. Exploramos la necesidad de comunicar de manera efectiva la visión de la transformación financiera y cómo involucrar a los empleados en el proceso de cambio.

7.2 Estrategias de Implementación Tecnológica en la Transformación Financiera

En este subcapítulo, exploraremos las estrategias de implementación tecnológica que las entidades financieras pueden adoptar durante su proceso de transformación. Estas estrategias son fundamentales para garantizar que la tecnología se implemente de manera efectiva y contribuya al logro de los objetivos de la transformación financiera.

Estrategia de Integración Gradual

Una estrategia común es la integración gradual de tecnologías en los procesos existentes. Esto implica implementar nuevas soluciones tecnológicas de manera progresiva, comenzando por áreas específicas que pueden beneficiarse más. Esta estrategia permite a los empleados adaptarse gradualmente a los cambios y minimiza la interrupción operativa.

Estrategia de Reemplazo Completo

En esta estrategia, las entidades financieras optan por reemplazar por completo los sistemas y procesos heredados con nuevas soluciones tecnológicas. Aunque puede ser más disruptiva, esta estrategia a menudo permite una transformación más profunda y rápida. Sin embargo, también puede presentar desafíos en términos de adopción y capacitación.

Estrategia de Innovación Paralela

Algunas entidades financieras eligen adoptar una estrategia de innovación paralela, donde implementan soluciones tecnológicas innovadoras en paralelo con los sistemas heredados. Esto permite experimentar con nuevas tecnologías sin afectar los procesos operativos existentes. Una vez que las nuevas soluciones han demostrado su eficacia, se pueden integrar más ampliamente.

Estrategia de Plataformas Abiertas

Con esta estrategia, las entidades financieras optan por utilizar plataformas abiertas y API (Interfaz de Programación de Aplicaciones) para integrar diversas soluciones tecnológicas de diferentes proveedores. Esto facilita la adopción de tecnologías de vanguardia y permite una mayor flexibilidad en la elección de soluciones específicas.

Estrategia de Personalización y Desarrollo Interno

Algunas organizaciones eligen desarrollar internamente soluciones tecnológicas personalizadas que se adapten perfectamente a sus necesidades. Esto puede ser especialmente relevante cuando las soluciones disponibles en el mercado no satisfacen completamente los requisitos únicos de la entidad financiera. Sin embargo, esta estrategia puede requerir inversiones significativas en recursos y tiempo.

Estrategia de Colaboración con Fintech y Proveedores Externos

Las entidades financieras también pueden colaborar con startups de tecnología financiera (Fintech) y otros proveedores externos para implementar soluciones innovadoras. Esta estrategia puede acelerar la adopción de tecnología de vanguardia y brindar acceso a soluciones que ya han sido probadas en el mercado.

Consideraciones Clave en la Implementación

Independientemente de la estrategia elegida, es importante considerar factores clave durante la implementación tecnológica. Estos incluyen la capacitación adecuada para los empleados, la gestión del cambio, la seguridad cibernética y la garantía de que las soluciones tecnológicas sean escalables y compatibles con futuras necesidades.

Conclusiones

La estrategia de implementación tecnológica desempeña un papel crucial en el éxito de la transformación financiera. Al elegir la estrategia adecuada y considerar cuidadosamente los factores clave, las entidades financieras pueden asegurarse de que la tecnología se implemente de manera efectiva y contribuya al logro de los objetivos organizativos.

7.2 Habilidades y competencias del liderazgo en la era digital

Aquí nos adentramos en las habilidades y competencias que los líderes deben desarrollar para guiar a sus equipos en un entorno financiero digital. Discutimos la importancia de la inteligencia emocional, la toma de decisiones basada en datos y la capacidad de adaptarse a la tecnología en evolución. Exploramos cómo los líderes pueden cultivar su propia agilidad y cómo inspirar a otros a abrazar el cambio.

Impacto Ético y Social de la Transformación Financiera

En este subcapítulo, exploraremos el impacto ético y social de la transformación financiera en la sociedad y en las personas. Si bien la transformación tecnológica puede traer beneficios significativos, también plantea desafíos éticos y sociales que deben abordarse de manera responsable.

Desafíos Éticos en la Automatización y la Inteligencia Artificial

La automatización y la inteligencia artificial (IA) pueden llevar a la pérdida de empleos en ciertas áreas, lo que plantea preguntas éticas sobre el impacto en los trabajadores y la necesidad de una transición justa. También se plantean inquietudes éticas sobre la toma de decisiones automatizada y la posible discriminación algorítmica.

Privacidad y Seguridad de Datos

La transformación financiera implica la recopilación y el análisis de grandes cantidades de datos personales y financieros. Garantizar la privacidad y la seguridad de estos datos es esencial para evitar violaciones de la privacidad y el riesgo de ciberataques.

Desafíos Sociales de la Exclusión Digital

A medida que la tecnología se convierte en una parte central de las operaciones financieras, existe el riesgo de exclusión digital, donde las personas que no tienen acceso a la tecnología pueden quedar rezagadas en términos de servicios financieros y oportunidades. Esto plantea cuestiones sociales sobre la equidad y el acceso igualitario.

Responsabilidad en la Educación Financiera

La transformación financiera también requiere una mayor educación financiera por parte de los consumidores para comprender y utilizar de manera efectiva las nuevas soluciones tecnológicas. Las entidades financieras tienen la responsabilidad de proporcionar educación financiera que empodere a las personas para tomar decisiones informadas.

Desafíos Éticos en las Criptomonedas y la Tecnología Blockchain

El surgimiento de las criptomonedas y la tecnología blockchain plantea preguntas éticas sobre la regulación, el lavado de dinero, la evasión de impuestos y la protección del consumidor. Las entidades financieras deben abordar estos desafíos para garantizar un uso ético y responsable de estas tecnologías.

Responsabilidad Social Corporativa

Las entidades financieras tienen la responsabilidad de considerar su impacto en la sociedad y el medio ambiente. La transformación financiera debe ser coherente con la responsabilidad social corporativa y contribuir al bienestar general.

Conclusiones

El impacto ético y social de la transformación financiera es una consideración crítica en el proceso. Las entidades financieras deben abordar estos desafíos de manera responsable y ética, asegurándose de que la tecnología se utilice para el beneficio de la sociedad en su conjunto y que se minimicen los impactos negativos en las personas y en la equidad.

7.3 Fomentar la colaboración y la innovación

En esta sección, analizamos cómo los líderes pueden fomentar la colaboración y la innovación en sus equipos y organizaciones. Discutimos la importancia de crear espacios donde los empleados se sientan cómodos compartiendo ideas y trabajando juntos en soluciones creativas. Exploramos cómo establecer procesos que permitan la generación y la implementación efectiva de nuevas ideas.

Seguridad Cibernética en la Transformación Financiera

En este subcapítulo, abordaremos la importancia de la seguridad cibernética en el contexto de la transformación financiera. A medida que las entidades financieras adoptan tecnologías avanzadas, es esencial garantizar la protección de datos, sistemas y procesos contra amenazas cibernéticas.

Riesgos Cibernéticos en la Transformación Financiera

La transformación financiera conlleva la digitalización de procesos y la recopilación de datos en línea, lo que aumenta la exposición a riesgos cibernéticos. Estos riesgos incluyen ataques de malware, phishing, robo de datos y violaciones de la privacidad. Los ciberdelincuentes ven a las entidades financieras como objetivos atractivos debido a la sensibilidad de la información financiera que manejan.

Importancia de la Seguridad Cibernética

La seguridad cibernética es fundamental para proteger la confidencialidad, integridad y disponibilidad de la información financiera y los activos digitales. Un ciberataque exitoso puede tener consecuencias devastadoras, incluida la pérdida de confianza de los clientes, daños financieros y daño a la reputación de la organización.

Medidas de Seguridad Cibernética

Las entidades financieras deben implementar una serie de medidas de seguridad cibernética para mitigar los riesgos. Estas incluyen:

1. Protección de Redes y Sistemas: Utilizar firewalls, sistemas de detección de intrusiones y sistemas de prevención de intrusiones para proteger los sistemas y redes de ataques.

2. Autenticación y Autorización Fuertes: Implementar medidas de autenticación de dos factores y controles de acceso rigurosos para garantizar que solo los usuarios autorizados puedan acceder a sistemas y datos.

3. Encriptación de Datos: Utilizar la encriptación para proteger la confidencialidad de los datos tanto en reposo como en tránsito.

4. Monitoreo Continuo: Realizar monitoreo constante de los sistemas y redes para detectar y responder rápidamente a posibles amenazas.

5. Educación y Concienciación: Capacitar a los empleados en prácticas de seguridad cibernética, incluida la identificación de correos electrónicos de phishing y otras tácticas de ingeniería social.

6. Respaldo de Datos: Realizar copias de seguridad regulares de los datos críticos y almacenarlos en ubicaciones seguras fuera de línea.

Colaboración y Preparación ante Incidentes

Además de las medidas de seguridad preventiva, las entidades financieras deben tener planes de respuesta a incidentes en caso de que ocurra un ataque cibernético. La colaboración con organismos reguladores y organizaciones de seguridad cibernética puede ayudar en la identificación y mitigación de amenazas.

Conclusiones

La seguridad cibernética es un pilar fundamental en la transformación financiera. Las entidades financieras deben priorizar la protección de sus sistemas, datos y activos digitales para garantizar la confianza de los clientes y la integridad de la información financiera. Al adoptar medidas de seguridad cibernética robustas y estar preparadas para responder a incidentes, las organizaciones pueden enfrentar los desafíos cibernéticos con confianza.

7.4 Liderazgo en un mundo de incertidumbre y oportunidad

Aquí abordamos cómo los líderes pueden manejar la incertidumbre y capitalizar las oportunidades en un entorno financiero en constante cambio. Discutimos cómo la agilidad y la resiliencia son esenciales para liderar en momentos de disrupción. Exploramos ejemplos de líderes que han navegado con éxito situaciones de incertidumbre y han convertido desafíos en oportunidades.

Este capítulo brinda a los líderes y ejecutivos en el sector financiero una comprensión profunda de su papel en la transformación de sus organizaciones. Al abordar la importancia de la cultura organizativa, el desarrollo de habilidades y el fomento de la colaboración, los líderes estarán mejor equipados para guiar a sus equipos hacia el éxito en un entorno financiero en constante cambio.

Por supuesto, aquí tienes una descripción detallada del Capítulo 8: "Perspectivas hacia el futuro":

7.5 Cumplimiento Regulatorio y Legal en la Transformación Financiera

En este subcapítulo, exploraremos la importancia del cumplimiento regulatorio y legal en el contexto de la transformación financiera. A medida que las entidades financieras adoptan nuevas tecnologías y cambian sus procesos, es esencial cumplir con las regulaciones y leyes vigentes para evitar sanciones y riesgos legales.

Regulaciones y Normativas en Evolución

El entorno regulatorio financiero está en constante evolución, especialmente en respuesta a los avances tecnológicos. Las entidades financieras deben estar al tanto de las regulaciones relevantes, como la protección de datos, la prevención del lavado de dinero, la seguridad cibernética y la transparencia financiera.

Importancia del Cumplimiento Regulatorio

El cumplimiento regulatorio es esencial para proteger la integridad de los mercados financieros y garantizar la confianza de los clientes y los inversores. No cumplir con las regulaciones puede resultar en sanciones financieras, daño a la reputación y, en casos extremos, acciones legales.

Estrategias para el Cumplimiento Regulatorio

Las entidades financieras deben adoptar estrategias efectivas para el cumplimiento regulatorio en la transformación financiera:

1. Evaluación de Impacto Regulatorio: Evaluar cómo los cambios propuestos en la transformación afectarán al cumplimiento regulatorio y garantizar que los nuevos procesos y tecnologías cumplan con las regulaciones vigentes.

2. Integración de Cumplimiento desde el Principio: Incorporar consideraciones de cumplimiento desde el inicio de cualquier iniciativa de transformación. Esto garantiza que las regulaciones sean parte integral de la estrategia en lugar de una reconsideración posterior.

3. Asesoramiento Legal y Regulatorio: Trabajar con abogados y asesores regulatorios para asegurarse de que todos los aspectos de la transformación cumplan con las regulaciones relevantes.

4. Capacitación del Personal: Capacitar a los empleados en las regulaciones relevantes y en las prácticas de cumplimiento adecuadas.

5. Monitorización Continua: Establecer mecanismos de monitorización continua para asegurarse de que la organización siga cumpliendo con las regulaciones en curso.

Cumplimiento Global y Local

Dado que las entidades financieras operan en un entorno global, también deben considerar las regulaciones y leyes locales en los países donde tienen presencia. El cumplimiento global y local es esencial para evitar conflictos legales y asegurar la consistencia en las operaciones.

Conclusiones

El cumplimiento regulatorio y legal es un aspecto crucial en la transformación financiera. Las entidades financieras deben abordar las regulaciones vigentes y futuras de manera proactiva y asegurarse de que todos los aspectos de la transformación cumplan con los requisitos legales y regulatorios. Al hacerlo, pueden mitigar riesgos legales y proteger la reputación y la integridad de la organización.

Capítulo 8: Perspectivas hacia el futuro

En este capítulo final, exploramos las tendencias y las posibles direcciones futuras en la transformación financiera. Analizamos cómo las tecnologías emergentes, como la inteligencia artificial, la cadena de bloques y más, podrían seguir remodelando la industria financiera y cómo las entidades financieras pueden prepararse para un futuro en constante evolución.

8.1 La próxima ola de innovación tecnológica

En esta sección, exploramos las tecnologías emergentes que podrían definir el futuro del sector financiero. Discutimos el potencial de la inteligencia artificial avanzada para la personalización de servicios y la toma de decisiones automatizada. También analizamos cómo la cadena de bloques podría revolucionar la transparencia y la seguridad en las transacciones financieras, así como otras tecnologías disruptivas que podrían surgir.

Los "océanos azules" en servicios financieros

Los "océanos azules" en el contexto de servicios financieros se refieren a oportunidades de mercado no exploradas o áreas donde una empresa puede encontrar un nicho sin competencia directa. Aquí hay algunos ejemplos de posibles "océanos azules" en servicios financieros:

Servicios Financieros para Pequeñas Empresas Emergentes: En lugar de competir en el mercado de préstamos tradicionales para pequeñas empresas, una empresa podría enfocarse en proporcionar soluciones financieras específicas para startups y emprendedores, como asesoramiento financiero personalizado, herramientas de presupuesto y recursos para la gestión de efectivo.

Banca Digital para Personas Mayores: A medida que la población envejece, existe una oportunidad para crear servicios bancarios digitales adaptados a las necesidades de las personas mayores. Esto podría incluir interfaces de usuario simplificadas, servicios de gestión de patrimonio especializados y atención al cliente centrada en las preocupaciones de esta demografía.

Servicios de Inversión Ética y Sostenible: Con un creciente interés en la inversión sostenible y ética, una empresa podría crear una plataforma de inversión que se especialice en ayudar a los inversores a identificar oportunidades financieras que también cumplan con criterios ambientales, sociales y de gobierno corporativo (ESG).

Pagos Transfronterizos Eficientes para Empresas Medianas: En lugar de competir en el mercado de transferencias de dinero transfronterizas masivas, podría haber espacio para una solución centrada en ayudar a las empresas medianas a realizar pagos internacionales de manera más eficiente y económica.

Educación Financiera Personalizada para Grupos Específicos: Crear programas de educación financiera adaptados a grupos específicos, como jóvenes adultos, inmigrantes o personas con discapacidades, puede llenar un nicho que a menudo se pasa por alto en términos de educación financiera.

Seguros Personalizados basados en Datos: Utilizar datos y tecnología para ofrecer seguros personalizados que se adapten a los comportamientos y necesidades de los clientes. Por ejemplo, seguros de automóviles que ajusten las tarifas según el estilo de conducción del individuo.

Banca Rural y Acceso a Servicios en Zonas Remotas: En muchas áreas rurales o remotas, el acceso a servicios bancarios es limitado. Una empresa podría enfocarse en llevar servicios financieros a estas comunidades a través de soluciones móviles o en línea.

Gestión de Deudas y Finanzas Personales para Estudiantes Universitarios: Con un enfoque en la población estudiantil, se podría desarrollar una plataforma que ayude a los estudiantes a administrar sus finanzas, incluida la gestión de préstamos estudiantiles y la planificación financiera a largo plazo.

Estos son solo ejemplos de posibles "océanos azules" en servicios financieros. La clave para identificar oportunidades en este sector es comprender las necesidades no satisfechas de los consumidores y buscar formas innovadoras de abordar esas necesidades de manera efectiva y eficiente.
Principio del formulario

Medición de Resultados y Evaluación de la Transformación Financiera

En este subcapítulo, exploraremos la importancia de medir los resultados y evaluar la transformación financiera. El seguimiento y la evaluación adecuados son esenciales para determinar si los objetivos se están cumpliendo, identificar áreas de mejora y asegurar que los beneficios previstos se materialicen.

Establecimiento de Indicadores Clave de Rendimiento (KPIs)

Antes de iniciar la transformación financiera, es fundamental establecer indicadores clave de rendimiento (KPIs) que reflejen los objetivos estratégicos de la transformación. Estos KPIs pueden variar según los objetivos, pero podrían incluir métricas como la eficiencia operativa, la satisfacción del cliente, la rentabilidad y la adopción de nuevas tecnologías.

Seguimiento y Recopilación de Datos

Una vez que se han establecido los KPIs, es importante implementar sistemas de seguimiento y recopilación de datos para medir continuamente el progreso. Esto podría implicar el uso de software de análisis, encuestas de satisfacción del cliente, métricas de rendimiento operativo y más.

Análisis de Resultados y Toma de Decisiones

El análisis de los resultados recopilados permite a las entidades financieras evaluar si los objetivos están siendo alcanzados. Si los resultados no cumplen con las expectativas, se deben llevar a cabo análisis para identificar las causas subyacentes y tomar decisiones informadas para realizar ajustes y mejoras.

Evaluación del Retorno de la Inversión (ROI)

Evaluar el retorno de la inversión es crucial para determinar si los recursos invertidos en la transformación financiera están generando los beneficios esperados. Esto implica comparar los costos de implementación con los beneficios financieros obtenidos, como la reducción de costos, el aumento de ingresos y la mejora de la eficiencia.

Obtención de Retroalimentación de los accionistas

La retroalimentación de los accionistas, incluidos los empleados y los clientes, es valiosa para evaluar la transformación desde diferentes perspectivas. Las opiniones y experiencias de los accionistas pueden revelar áreas de mejora que podrían no haber sido evidentes desde la perspectiva interna.

Aprendizaje Continuo y Mejora Iterativa

La evaluación de la transformación financiera no es solo un ejercicio único, sino un proceso continuo. A medida que se recopilan y analizan los resultados, las entidades financieras deben estar dispuestas a aprender de los éxitos y desafíos y realizar ajustes iterativos en sus estrategias y enfoques.

Conclusiones

La medición de resultados y la evaluación son componentes esenciales de la transformación financiera. Al establecer KPIs claros, recopilar datos precisos y analizar los resultados de manera efectiva, las entidades financieras pueden asegurarse de que su transformación esté en línea con los objetivos estratégicos y que los beneficios se materialicen de manera sostenible.

8.2 Hacia una experiencia de cliente totalmente digital

Aquí nos adentramos en cómo el futuro de las entidades financieras podría ser completamente digital en términos de la experiencia del cliente. Discutimos cómo la interacción con los bancos y otros servicios financieros podría evolucionar hacia canales digitales y automatizados. Exploramos las posibles implicaciones para las relaciones cliente-banco y cómo las organizaciones pueden mantener la confianza y la personalización en un entorno digital.

Comunicación y Gestión del Cambio en la Transformación Financiera

En este subcapítulo, abordaremos la importancia de la comunicación y la gestión del cambio en el proceso de transformación financiera. La comunicación efectiva y una gestión adecuada del cambio son fundamentales para asegurar la adopción exitosa de la transformación por parte de los empleados y otras partes interesadas.

Comunicación Clara y Transparente

La comunicación clara y transparente es esencial para informar a los empleados, clientes y otras partes interesadas sobre los objetivos, el alcance y los beneficios de la transformación financiera. Las entidades financieras deben comunicar cómo la transformación afectará a las operaciones, los roles y las responsabilidades, y cómo se alinea con la estrategia organizativa.

Creación de una Narrativa Compelling

Desarrollar una narrativa convincente sobre la transformación financiera puede ayudar a inspirar y motivar a los empleados. Esta narrativa debe resaltar el propósito y los beneficios de la transformación, así como la importancia del rol de cada empleado en su éxito.

Involucramiento de los Empleados desde el Inicio

Involucrar a los empleados desde el principio puede aumentar su sentido de propiedad y compromiso con la transformación financiera. Esto puede incluir la participación en la identificación de oportunidades de mejora, la colaboración en la planificación estratégica y la retroalimentación continua durante el proceso.

Gestión de la Resistencia al Cambio

Es común que surja resistencia al cambio cuando se implementan nuevas tecnologías y procesos. Las entidades financieras deben anticipar y abordar la resistencia de manera proactiva, identificando las preocupaciones de los empleados y brindando apoyo para superarlas.

Formación y Desarrollo de Habilidades

La transformación financiera a menudo requiere que los empleados adquieran nuevas habilidades y conocimientos. Proporcionar formación y desarrollo de habilidades adecuados es esencial para ayudar a los empleados a adaptarse a los cambios y aprovechar al máximo las nuevas tecnologías.

Liderazgo Ejemplar

El liderazgo ejemplar es fundamental para guiar la transformación financiera. Los líderes deben comunicar activamente su compromiso con la transformación, demostrar un enfoque positivo hacia el cambio y servir como modelos a seguir para el resto de la organización.

Medición de la Adopción y el Compromiso

Medir la adopción de la transformación y el nivel de compromiso de los empleados puede proporcionar información valiosa sobre cómo está progresando el proceso. Las entidades financieras pueden utilizar encuestas, análisis de datos y retroalimentación directa para evaluar la respuesta de los empleados y realizar ajustes si es necesario.

Conclusiones

La comunicación efectiva y la gestión del cambio son factores críticos para el éxito de la transformación financiera. Al crear una narrativa convincente, involucrar a los empleados, abordar la resistencia al cambio y proporcionar formación adecuada, las entidades financieras pueden fomentar una adopción exitosa de la transformación y garantizar que todos estén alineados con los objetivos y la visión de cambio.

8.3 La evolución de los modelos de negocio financieros

En esta sección, analizamos cómo los modelos de negocio financieros podrían evolucionar en el futuro. Discutimos la posibilidad de una mayor colaboración entre las entidades financieras tradicionales y las fintechs, así como cómo las organizaciones podrían explorar nuevas fuentes de ingresos y formas innovadoras de monetizar servicios. Exploramos cómo la agilidad y la capacidad de adaptación serán clave en un entorno de cambio constante.

Sostenibilidad y Continuidad en la Transformación Financiera

En este subcapítulo, exploraremos la importancia de la sostenibilidad y la continuidad en el proceso de transformación financiera. La transformación no es un evento único, sino un proceso continuo que requiere un enfoque a largo plazo para mantener los beneficios y adaptarse a los cambios en curso.

Planificación a Largo Plazo

La sostenibilidad de la transformación financiera requiere una planificación a largo plazo. Las entidades financieras deben considerar cómo evolucionarán las tecnologías y las necesidades del mercado a lo largo del tiempo y cómo pueden mantenerse alineadas con esos cambios.

Cultura de Mejora Continua

Fomentar una cultura de mejora continua es esencial para la sostenibilidad. Las entidades financieras deben promover la mentalidad de que la transformación no tiene un final definido, sino que implica un proceso constante de adaptación y optimización.

Evaluación y Ajuste de Estrategias

Regularmente, es fundamental evaluar si las estrategias de transformación financiera siguen siendo relevantes y efectivas. Si las circunstancias cambian o surgen nuevas oportunidades, las entidades financieras deben estar dispuestas a ajustar sus enfoques para mantener la alineación con los objetivos.

Innovación Continua

La sostenibilidad también implica una mentalidad de innovación continua. Las entidades financieras deben estar abiertas a la adopción de nuevas tecnologías y enfoques, y deben estar dispuestas a experimentar y explorar para seguir siendo competitivas en un entorno en constante cambio.

Gestión de Riesgos a Largo Plazo

La sostenibilidad también implica una gestión efectiva de los riesgos a largo plazo. Las entidades financieras deben considerar posibles desafíos futuros, como cambios en la regulación, amenazas cibernéticas en evolución y cambios en las preferencias del cliente, y desarrollar estrategias para mitigar estos riesgos.

Flexibilidad y Agilidad

La sostenibilidad de la transformación financiera requiere flexibilidad y agilidad. Las entidades financieras deben estar dispuestas a adaptarse rápidamente a los cambios y a ser ágiles en la toma de decisiones y la implementación de ajustes.

Conclusiones

La sostenibilidad y la continuidad son esenciales para el éxito a largo plazo de la transformación financiera. Al adoptar un enfoque a largo plazo, promover la mejora continua y estar abiertas a la innovación, las entidades financieras pueden asegurarse de que su transformación siga siendo relevante y efectiva en un entorno en constante evolución.

8.4 Conclusiones y llamado a la acción

Aquí concluimos el libro al resumir los puntos clave y destacar las lecciones aprendidas a lo largo de la obra. Instamos a las entidades financieras a abrazar la transformación continua como una mentalidad y una estrategia esenciales para prosperar en el futuro financiero. Ofrecemos un llamado a la acción para que los líderes y las organizaciones sigan innovando, colaborando y preparándose para un futuro lleno de oportunidades.

Este capítulo final cierra el libro con una mirada inspiradora hacia el futuro de las entidades financieras y cómo pueden abrazar la transformación para lograr un éxito sostenible en un mundo en constante evolución.

Lecciones Aprendidas y Mejores Prácticas en la Transformación Financiera

En este subcapítulo, examinaremos las lecciones aprendidas y las mejores prácticas en el proceso de transformación financiera. Aprender de las experiencias anteriores y aplicar las mejores prácticas puede aumentar las posibilidades de éxito en la implementación de la transformación.

Es importante estudiar y analizar las experiencias de transformaciones financieras anteriores, tanto dentro de la propia organización como en la industria en general. Comprender los desafíos enfrentados, los éxitos logrados y las lecciones aprendidas puede proporcionar información valiosa para evitar errores similares y tomar decisiones informadas.

Definición Clara de Objetivos y Alcance

Una de las mejores prácticas clave es establecer objetivos claros y un alcance bien definido para la transformación financiera. Esto ayuda a mantener el enfoque y a garantizar que todas las partes interesadas estén alineadas en cuanto a lo que se busca lograr.

Liderazgo y Compromiso de la Alta Dirección

El compromiso de la alta dirección es esencial para el éxito de la transformación financiera. Los líderes deben demostrar un compromiso sólido, comunicar la importancia de la transformación y ser modelos que seguir para el resto de la organización.

Involucramiento de los Empleados y accionistas

Involucrar a los empleados y a otros accionistas desde el principio puede aumentar la probabilidad de éxito. Escuchar sus opiniones, considerar sus necesidades y fomentar la colaboración puede crear un sentido de propiedad y compromiso con la transformación.

Comunicación Abierta y Constante

La comunicación abierta y constante es crucial. Mantener a todos informados sobre el progreso, los cambios y los desafíos puede reducir la incertidumbre y promover la confianza en el proceso de transformación.

Gestión del Cambio Efectiva

Una gestión del cambio efectiva es una parte integral de la transformación financiera. Identificar y abordar la resistencia al cambio, proporcionar capacitación adecuada y brindar apoyo continuo a los empleados son aspectos esenciales de la gestión del cambio.

Medición y Evaluación Continua

La medición constante de los resultados y la evaluación continua son fundamentales. Los KPIs deben ser monitoreados regularmente y los resultados deben ser analizados para realizar ajustes y mejoras en el proceso.

Flexibilidad y Adaptabilidad

La capacidad de ser flexible y adaptable es una de las mejores prácticas más importantes. Dado que el entorno empresarial y tecnológico evoluciona constantemente, las entidades financieras deben estar dispuestas a ajustar sus estrategias y enfoques según sea necesario.

Conclusiones

Aprender de las lecciones pasadas y aplicar las mejores prácticas puede marcar la diferencia en el éxito de la transformación financiera. Al adoptar un enfoque estratégico, comprometerse con la comunicación abierta y la gestión del cambio efectiva, y mantener un enfoque en la mejora continua, las entidades financieras pueden maximizar las posibilidades de una transformación exitosa y sostenible.

Capítulo 9: Conclusiones

En este capítulo final, hacemos un resumen exhaustivo de los temas clave discutidos a lo largo del libro y ofrecemos una perspectiva general sobre la transformación financiera en el contexto de las entidades financieras. Reflexionamos sobre los logros, desafíos y oportunidades que hemos explorado y brindamos una última visión inspiradora para los lectores.

9.1 Recapitulación de los principales puntos

En esta sección, realizamos una síntesis de los aspectos más destacados y las ideas clave presentadas en cada capítulo del libro. Repasamos los conceptos centrales relacionados con la adopción tecnológica, la cultura organizativa, la ciberseguridad, la inversión en tecnología financiera y el liderazgo en la transformación financiera.

Futuras Tendencias en la Transformación Financiera

En este subcapítulo, exploraremos las futuras tendencias en la transformación financiera, anticipando cómo la evolución de la tecnología y las demandas del mercado podrían influir en la forma en que las entidades financieras operan en el futuro.

Inteligencia Artificial y Automatización Avanzada

La inteligencia artificial (IA) y la automatización seguirán desempeñando un papel crucial en la transformación financiera. Se espera que las capacidades de la IA se expandan, permitiendo una toma de decisiones más precisa y automatizada en áreas como la gestión de riesgos, la detección de fraudes y el servicio al cliente.

Digitalización Completa de Procesos

La digitalización completa de procesos, desde la solicitud de préstamos hasta la aprobación de hipotecas, se convertirá en la norma. Los clientes esperarán poder completar transacciones financieras de manera rápida y conveniente a través de plataformas digitales y móviles.

Mayor Enfoque en Experiencia del Cliente

La experiencia del cliente seguirá siendo un factor diferenciador clave en la industria financiera. Las entidades financieras se esforzarán por ofrecer experiencias personalizadas y fluidas, utilizando análisis de datos para comprender mejor las necesidades de los clientes y anticipar sus deseos.

Crecimiento de las Fintech y Colaboración con Bancos Tradicionales

El crecimiento de las empresas de tecnología financiera (Fintech) continuará, desafiando a las instituciones financieras tradicionales a innovar y adaptarse. Se espera una mayor colaboración entre Fintech y bancos tradicionales para combinar la agilidad y la innovación de las startups con la infraestructura y la experiencia de los bancos.

Evolución de las Criptomonedas y la Tecnología Blockchain

Las criptomonedas y la tecnología blockchain seguirán evolucionando y ganando aceptación. Es probable que las entidades financieras exploren casos de uso más amplios para la tecnología blockchain, como la tokenización de activos y la automatización de procesos complejos.

Mayor Énfasis en la Sostenibilidad y la Inversión Responsable

Las preocupaciones sobre la sostenibilidad y la inversión responsable aumentarán en la industria financiera. Las entidades financieras tendrán que adaptarse a las demandas de los clientes que buscan invertir en empresas socialmente responsables y en proyectos que promuevan la sostenibilidad ambiental.

Seguridad Cibernética y Protección de Datos Continua

A medida que la tecnología avanza, también lo hacen las amenazas cibernéticas. Las entidades financieras deberán seguir invirtiendo en seguridad cibernética y protección de datos para salvaguardar la información sensible de los clientes y mitigar el riesgo de violaciones de seguridad.

Conclusiones

La transformación financiera seguirá evolucionando a medida que la tecnología y las demandas del mercado cambien. Las entidades financieras que estén dispuestas a adoptar nuevas tecnologías, centrarse en la experiencia del cliente y abordar los desafíos de manera proactiva estarán mejor preparadas para enfrentar las tendencias futuras y mantenerse competitivas en un entorno en constante cambio.

9.2 Inspiración para embarcarse en la transformación financiera

Aquí proporcionamos una perspectiva inspiradora para los líderes y profesionales del sector financiero. Destacamos cómo la transformación financiera es un proceso continuo y cómo la adaptación constante es esencial para prosperar en un entorno en evolución. Resaltamos ejemplos de organizaciones que han logrado éxito a través de la innovación y la inversión en tecnología.

Consideraciones Éticas y Sociales en la Transformación Financiera Futura

En este subcapítulo, exploraremos las consideraciones éticas y sociales que deben tenerse en cuenta en la transformación financiera futura. A medida que avanzamos en la adopción de nuevas tecnologías, es esencial abordar los desafíos éticos y sociales que puedan surgir.

Ética en la Inteligencia Artificial y la Automatización

Con la creciente adopción de la inteligencia artificial y la automatización en el sector financiero, surgirán preguntas éticas sobre la toma de decisiones automatizada. Las entidades financieras deberán asegurarse de que los algoritmos sean justos, imparciales y transparentes, y que no perpetúen sesgos o discriminación.

Privacidad y Protección de Datos

La protección de la privacidad y los datos personales será un tema crítico. A medida que se recopilan y analizan más datos, las entidades financieras deberán garantizar que se cumplan rigurosos estándares de privacidad y que los clientes tengan control sobre cómo se utilizan sus datos.

Equidad y Acceso en la Era Digital

La transformación financiera debe ser inclusiva y asegurarse de que todos tengan acceso a servicios financieros equitativos. Las entidades financieras deben abordar la exclusión digital y asegurarse de que las personas de todas las comunidades y niveles de ingresos tengan acceso a las mismas oportunidades financieras.

Responsabilidad en la Educación Financiera

Con la adopción de nuevas tecnologías y enfoques financieros, la educación financiera se vuelve aún más importante. Las entidades financieras deben asumir la responsabilidad de proporcionar educación financiera que empodere a las personas para tomar decisiones informadas sobre sus finanzas.

Gobernanza y Responsabilidad Corporativa

Las entidades financieras también deben considerar su responsabilidad social y corporativa en la transformación futura. La ética empresarial y la sostenibilidad deben ser parte integral de la estrategia de transformación, asegurando que la tecnología se utilice para el beneficio de la sociedad en su conjunto.

Regulación y Ética en las Criptomonedas y la Tecnología Blockchain

Con el crecimiento de las criptomonedas y la tecnología blockchain, surgirán desafíos éticos y regulatorios. Las entidades financieras deben abordar cuestiones como el lavado de dinero, la evasión de impuestos y la seguridad de las transacciones para garantizar un uso ético y legal de estas tecnologías.

Conclusiones

La transformación financiera futura no solo se trata de adoptar nuevas tecnologías, sino de hacerlo de manera ética y responsable. Al abordar las consideraciones éticas y sociales desde el principio, las entidades financieras pueden asegurarse de que su transformación contribuya al bienestar general y a un futuro financiero más equitativo y sostenible.

9.3 El camino hacia un futuro próspero

En esta sección, ofrecemos un cierre reflexivo al libro al enfocarnos en el potencial y las posibilidades del futuro financiero. Discutimos cómo las entidades financieras pueden aplicar los conocimientos adquiridos para navegar con éxito en un entorno en constante cambio. Instamos a los lectores a adoptar una mentalidad abierta, estar dispuestos a aprender y liderar con valentía en un mundo de oportunidades y desafíos.

Este capítulo finaliza el libro al sintetizar los conceptos explorados y ofrecer una última perspectiva inspiradora sobre la transformación financiera en las entidades financieras. Brindamos a los lectores una conclusión satisfactoria y motivadora para aplicar los conocimientos adquiridos y continuar evolucionando en el entorno financiero dinámico y tecnológico.

Adaptación y Preparación para la Transformación Financiera Futura

En este subcapítulo, discutiremos la importancia de la adaptación y la preparación para la transformación financiera futura. Las entidades financieras deben estar dispuestas a adaptarse a los cambios en el entorno empresarial y tecnológico para mantener su relevancia y éxito.

Agilidad y Flexibilidad Organizacional

La agilidad y la flexibilidad son esenciales para enfrentar la incertidumbre y los cambios rápidos. Las entidades financieras deben adoptar estructuras organizacionales ágiles que les permitan responder rápidamente a las nuevas oportunidades y desafíos.

Inversión en Innovación y I+D

La inversión continua en innovación y desarrollo es clave para la transformación financiera futura. Las entidades financieras deben destinar recursos a la investigación y el desarrollo de nuevas tecnologías y enfoques que les permitan mantenerse competitivas en un entorno cambiante.

Cultura de Aprendizaje y Adaptación

Fomentar una cultura de aprendizaje y adaptación es fundamental. Las entidades financieras deben alentar a los empleados a aprender nuevas habilidades, a estar abiertos a nuevos enfoques y a estar dispuestos a experimentar y aprender de los errores.

Monitoreo de Tendencias y Innovaciones

Estar al tanto de las tendencias y las innovaciones en la industria financiera es esencial. Las entidades financieras deben monitorear de cerca los avances tecnológicos, las expectativas del cliente y los cambios regulatorios para poder adaptarse de manera proactiva.

Planificación Estratégica a Largo Plazo

La planificación estratégica a largo plazo es crucial para la adaptación exitosa. Las entidades financieras deben desarrollar estrategias que no solo aborden las necesidades actuales, sino que también consideren cómo evolucionarán las demandas y las tecnologías en el futuro.

Fomento de la Mentalidad Innovadora

Promover una mentalidad innovadora en toda la organización es esencial. Las entidades financieras deben recompensar la creatividad, fomentar la generación de ideas y dar a los empleados la libertad de proponer nuevas soluciones y enfoques.

Conclusiones

La transformación financiera futura requerirá una adaptación continua y una mentalidad abierta al cambio. Al ser ágiles, invertir en innovación, fomentar una cultura de aprendizaje y mantenerse atentos a las tendencias emergentes, las entidades financieras pueden estar preparadas para enfrentar los desafíos y aprovechar las oportunidades que el futuro les presenta.

Conclusiones Finales

En este ebook, hemos explorado a fondo el proceso de transformación financiera y su impacto en las entidades financieras. Desde la evolución tecnológica hasta las estrategias de implementación y las consideraciones éticas, hemos examinado cada aspecto de este proceso crucial en el mundo financiero. Aquí hay un resumen de las conclusiones clave:

- La transformación financiera es inevitable: Las entidades financieras deben adaptarse a un entorno en constante cambio impulsado por la tecnología, las demandas de los clientes y las regulaciones.

- Estrategia centrada en el cliente: La transformación financiera exitosa requiere un enfoque centrado en el cliente, con el objetivo de mejorar la experiencia del cliente y satisfacer sus necesidades cambiantes.

- Tecnología como habilitador: Las nuevas tecnologías, como la inteligencia artificial, la automatización y la blockchain, son esenciales para mejorar la eficiencia y la competitividad.

- Planificación y ejecución estratégica: Una estrategia sólida y una planificación cuidadosa son fundamentales para una transformación financiera exitosa.

- Gestión del cambio y comunicación: La gestión efectiva del cambio y la comunicación transparente son cruciales para superar la resistencia y garantizar la adopción exitosa.

- Cumplimiento y ética: Las consideraciones éticas, legales y de cumplimiento deben ser abordadas en todas las etapas de la transformación financiera.

- Medición y sostenibilidad: La medición continua de los resultados y la sostenibilidad a largo plazo son esenciales para mantener el éxito de la transformación.

- Adaptación al futuro: Las entidades financieras deben estar preparadas para adaptarse a las tendencias emergentes, como la inteligencia artificial, las criptomonedas y la responsabilidad social.

La transformación financiera es un proceso continuo que requiere un enfoque estratégico, agilidad y una mentalidad de aprendizaje. Aquellas entidades financieras que se comprometan a abrazar el cambio, adoptar tecnologías innovadoras y priorizar la experiencia del cliente estarán mejor posicionadas para prosperar en un mundo financiero en constante evolución.

Agradecimientos y Cierre

Agradecemos tu interés en este libro y tu compromiso con la transformación financiera. Esperamos que los conocimientos compartidos te inspiren a tomar acción y a aprovechar las oportunidades que la transformación ofrece. ¡El futuro financiero está en tus manos!

Libros Recomendados:

1. "Digital Transformation: Survive and Thrive in an Era of Mass Extinction" by Thomas M. Siebel.
2. "The Future of Finance: The Impact of FinTech, AI, and Crypto on Financial Services" by Henri Arslanian.
3. "The Fintech Book: The Financial Technology Handbook for Investors, Entrepreneurs and Visionaries" by Susanne Chishti and Janos Barberis.

Artículos y Blogs:

1. "How to Successfully Navigate Digital Transformation in Financial Services" - Harvard Business Review.
2. "The Role of Artificial Intelligence in Transforming Financial Services" - Forbes.
3. "Blockchain Technology: Transforming Traditional Financial Services" - World Economic Forum.

Sitios Web y Organizaciones:

1. [World Fintech Association](https://worldfintechassociation.org/): Una organización dedicada a promover la innovación en tecnología financiera a nivel mundial.
2. [Banking Technology](https://www.bankingtech.com/): Un sitio web que cubre las últimas tendencias y noticias en tecnología bancaria y financiera.
3. [Finextra](https://www.finextra.com/): Una fuente de noticias y análisis sobre tecnología financiera y transformación digital.

Conferencias y Eventos:

1. [Money20/20](https://www.money2020.com/): Una de las principales conferencias globales sobre tecnología financiera y pagos.
2. [Finovate](https://www.finovate.com/): Eventos que destacan las últimas innovaciones en tecnología financiera a través de demostraciones en vivo.

Formación y Cursos en Línea:

1. [Coursera](https://www.coursera.org/): Ofrece una variedad de cursos sobre finanzas digitales, fintech y transformación financiera.
2. [edX](https://www.edx.org/): Plataforma de aprendizaje en línea que ofrece cursos sobre tecnología financiera y transformación digital.

Estos recursos adicionales pueden ayudarte a ampliar tus conocimientos sobre la transformación financiera y a estar al tanto de las últimas tendencias en la industria financiera en constante evolución. ¡Te deseamos éxito en tu viaje de transformación financiera! pueden aprovechar estas tendencias para generar valor para sus clientes y sus propias operaciones. Al comprender cómo las fintechs, las startups y las tecnologías emergentes están remodelando las inversiones, las organizaciones podrán tomar decisiones informadas sobre cómo invertir en el futuro financiero.

ANEXOS

Anexo 1 . Contenido esencial de un software para administrar entidades financieras

Un software completo para administrar una entidad financiera debe tener una variedad de módulos que abarquen las diferentes operaciones y funciones que son críticas para el funcionamiento eficiente y seguro de la institución. Aquí hay una lista de módulos clave que debería incluir:

1. Administración de Clientes y Cuentas: Este módulo permite el registro y seguimiento de clientes, así como la apertura y gestión de cuentas bancarias, tarjetas de crédito y otros productos financieros.

2. Banca en Línea y Móvil: Ofrece a los clientes la capacidad de realizar transacciones, consultar saldos, hacer pagos y administrar sus cuentas a través de plataformas en línea y móviles.

3. Gestión de Préstamos: Permite el seguimiento y la administración de préstamos, incluyendo la evaluación crediticia, el procesamiento de solicitudes y la programación de pagos.

4. Administración de Depósitos: Permite la administración de depósitos a plazo fijo, cuentas de ahorro y cuentas corrientes, incluyendo cálculos de intereses y manejo de retiros.

5. Gestión de Riesgos y Cumplimiento Normativo: Incluye herramientas para evaluar y gestionar riesgos financieros, así como para asegurar el cumplimiento de regulaciones y normativas.

6. Gestión de Activos y Pasivos: Ayuda a gestionar los activos y pasivos de la entidad financiera, optimizando los flujos de efectivo y manteniendo un equilibrio adecuado.

7. Gestión de Inversiones: Permite a la entidad administrar su cartera de inversiones, analizar el rendimiento de activos y tomar decisiones informadas sobre inversiones.

8. Contabilidad y Finanzas: Proporciona herramientas para la gestión contable, generación de informes financieros, auditoría y conciliación.

9. Gestión de Cobros y Pagos: Permite la administración de procesos de cobro y pago, incluyendo transferencias electrónicas, cheques y pagos internacionales.

10. Gestión de Personal: Ayuda a administrar los recursos humanos, incluyendo nóminas, beneficios, evaluación del desempeño y capacitación.

11. Análisis y Reportes: Ofrece herramientas para el análisis de datos, la generación de informes y la toma de decisiones basada en datos.

12. Seguridad y Autenticación: Incluye medidas de seguridad avanzadas para proteger la información de los clientes y la entidad financiera, incluyendo autenticación de dos factores y encriptación.

13. Cumplimiento de Anti-Lavado de Dinero (AML) y Conozca a su Cliente (KYC): Proporciona herramientas para cumplir con las regulaciones de prevención de lavado de dinero y verificación de la identidad de los clientes.

14. Banca Comercial y Corporativa: Si la entidad atiende a empresas, este módulo ofrece funciones específicas para la gestión financiera de empresas, incluyendo líneas de crédito, servicios de pago y análisis de flujo de efectivo.

15. Banca de Inversión: Si la entidad ofrece servicios de banca de inversión, este módulo incluiría herramientas para la administración de fusiones y adquisiciones, emisiones de acciones y bonos, y análisis financiero avanzado.

Estos módulos son esenciales para asegurar que una entidad financiera pueda operar eficientemente, brindar servicios de calidad a sus clientes y cumplir con las regulaciones del sector. La selección de módulos dependerá de la naturaleza de la institución, su enfoque y su alcance de servicios.

Anexo 2. Proceso de implementación de un software para la administración de una entidad financiera

La implementación de un software para la administración de una entidad financiera es un proceso complejo y crítico que requiere una planificación detallada, coordinación y colaboración entre diferentes equipos. Aquí te proporciono un esquema general del proceso de implementación:

1. Definición de Requisitos y Objetivos:
- Identificar las necesidades específicas de la entidad financiera.
- Establecer los objetivos de la implementación, como mejorar la eficiencia, la precisión, la seguridad, etc.

2. Selección de Software:
- Investigar y evaluar diferentes opciones de software disponibles en el mercado.
- Seleccionar el software que mejor se ajuste a las necesidades y objetivos de la entidad financiera.

3. Formación de un Equipo de Implementación:
- Designar un equipo interno encargado de la implementación.
- Incluir representantes de diferentes áreas, como TI, operaciones, cumplimiento y usuarios finales.

4. Planificación Detallada:
- Desarrollar un plan detallado que incluya cronogramas, tareas, recursos y responsabilidades.
- Identificar posibles obstáculos y riesgos, y establecer planes de mitigación.

5. Personalización y Configuración:
- Personalizar el software de acuerdo con las necesidades específicas de la entidad financiera.
- Configurar flujos de trabajo, parámetros y funciones según los procesos existentes.

6. Pruebas y Validación:
- Realizar pruebas exhaustivas para asegurarse de que el software funcione según lo previsto.
- Identificar y corregir errores y problemas antes de la implementación completa.

7. Capacitación:
- Proporcionar capacitación a los usuarios finales sobre cómo utilizar el nuevo software.
- Asegurarse de que los empleados comprendan cómo realizar tareas cotidianas y utilizar las características del software.

8. Migración de Datos:
- Transferir datos relevantes de los sistemas antiguos al nuevo software.
- Asegurarse de que la integridad de los datos se mantenga durante el proceso de migración.

9. Implementación Piloto:
- Realizar una implementación piloto en una pequeña escala para probar el software en condiciones reales.
- Identificar posibles problemas y hacer ajustes antes de la implementación completa.

10. Implementación Completa:
- Desplegar el software en toda la organización.
- Supervisar de cerca la implementación y abordar cualquier problema que surja.

11. Soporte Continuo:
- Proporcionar soporte técnico continuo a medida que los usuarios se adaptan al nuevo software.
- Resolver problemas y preguntas de manera eficiente para minimizar la interrupción de las operaciones.

12. Evaluación y Mejora:
- Realizar una evaluación exhaustiva después de la implementación para identificar áreas de mejora.
- Hacer ajustes según los comentarios de los usuarios y los resultados de la evaluación.

La implementación exitosa de un software para la administración de una entidad financiera requiere una planificación detallada, comunicación efectiva y una colaboración cercana entre los equipos involucrados. Es esencial estar preparado para enfrentar desafíos y ajustar el proceso según sea necesario para lograr los objetivos establecidos.

Anexo 3.- tiempos y costos estimados de implementación de un software para la administración de cartera

Los tiempos y costos estimados de implementación de un software para la administración de cartera pueden variar significativamente según varios factores, como el tamaño de la entidad, la complejidad de los procesos, la personalización del software, la experiencia del equipo de implementación y más. Sin embargo, aquí hay una estimación general para darte una idea:

Tiempos Estimados:

1. Planificación y Evaluación: De 1 a 2 meses
    - Definir requisitos y objetivos.
    - Evaluar diferentes opciones de software.

2. Selección de Software: De 1 a 2 meses
    - Investigar y comparar diferentes soluciones.
    - Tomar decisiones sobre la elección del software.

3. Preparación y Personalización: De 2 a 4 meses
    - Preparar la infraestructura y recursos necesarios.
    - Personalizar y configurar el software según las necesidades.

4. Pruebas y Validación: De 2 a 3 meses
    - Realizar pruebas exhaustivas del software.
    - Identificar y corregir errores y problemas.

5. Capacitación: De 1 a 2 meses
    - Capacitar a los usuarios finales sobre el uso del software.

6. Migración de Datos: De 1 a 2 meses
    - Transferir datos relevantes de sistemas anteriores.

7. Implementación Piloto: De 1 a 2 meses
    - Realizar una implementación piloto para pruebas limitadas.

8. Implementación Completa: De 2 a 4 meses
    - Desplegar el software en toda la organización.

9. Soporte Continuo y Optimización: Ongoing
   - Proporcionar soporte continuo y realizar ajustes según sea necesario.

Costos Estimados:

1. Licenciamiento del Software: Los costos pueden variar según el software elegido y el número de usuarios. Esto podría oscilar entre miles a decenas de miles de dólares, o incluso más, dependiendo de la escala.

2. Personalización y Configuración: Esto incluye el costo de personalizar y configurar el software según las necesidades de la entidad financiera. Puede variar entre miles a decenas de miles de dólares.

3. Capacitación: Los costos pueden incluir materiales de capacitación, honorarios de instructores y gastos asociados. Esto podría oscilar entre miles a decenas de miles de dólares.

4. Migración de Datos: Dependiendo de la cantidad y complejidad de los datos a migrar, los costos pueden variar desde miles a decenas de miles de dólares.

5. Costos de Personal: Estos incluyen los costos laborales asociados con la planificación, implementación, capacitación y soporte.

6. Soporte Técnico y Mantenimiento: Los costos anuales o mensuales asociados con el soporte técnico y las actualizaciones del software.

Es importante destacar que estos son estimados generales y los costos pueden variar ampliamente según la situación específica de la entidad financiera y los detalles de la implementación. Siempre es recomendable obtener cotizaciones específicas de los proveedores de software y realizar un análisis detallado de los costos antes de emprender una implementación.

Anexo 4.- benchmarking de software para administración de entidades dedicadas al financiamiento en México

Lamentablemente, no tengo acceso a datos en tiempo real ni la capacidad de navegar por la web para proporcionarte un benchmark actualizado de software para la administración de entidades dedicadas al financiamiento en México. Sin embargo, puedo mencionarte algunas soluciones que históricamente han sido utilizadas en la industria financiera y que podrían ser relevantes para entidades de financiamiento en México:

1. Finacle: Ampliamente utilizado en instituciones financieras para administrar operaciones de préstamos, depósitos y más. Proporciona una plataforma de banca digital integral.

2. Flexcube: Ofrecido por Oracle Financial Services, este software se utiliza para administrar operaciones bancarias y financieras, incluyendo préstamos y servicios de financiamiento.

3. Temenos T24 Transact: Una solución bancaria que ofrece una amplia gama de capacidades para administrar productos y servicios financieros, incluidas las operaciones de financiamiento.

4. Misys FusionBanking: Proporciona una plataforma completa para administrar operaciones de financiamiento, créditos y otros servicios financieros.

5. FISERV: Ofrece soluciones financieras integrales que incluyen gestión de cuentas, procesamiento de préstamos y administración de activos y pasivos.

6. Nucleus Software: Especializado en soluciones bancarias, incluyendo la administración de préstamos, financiamiento y servicios relacionados.

7. Finastra: Ofrece una amplia gama de soluciones para la administración de operaciones financieras, incluyendo préstamos y financiamiento.

8. Crealogix: Proporciona soluciones de banca digital que podrían ser útiles para entidades de financiamiento que buscan modernizar su infraestructura.

9. Softcredito: Proporciona soluciones Fintech para entidades financieras que apoyan procesos de administración para entidades de financiamiento, empresas, inmobiliarias, gobiernos y en general entidades dedicadas al financiamiento como actividad principal.

Es importante que realices una investigación exhaustiva y personalizada para identificar cuál de estas opciones o cualquier otra opción actual podría ser la más adecuada para las necesidades específicas de tu entidad de financiamiento en México. Puede ser útil consultar con expertos en tecnología financiera y realizar demostraciones con los proveedores de software para tomar una decisión informada.

SoftCrédito es un software diseñado para la administración y gestión de créditos y préstamos en instituciones financieras, cooperativas de crédito y otras entidades dedicadas a la concesión de financiamiento. Este tipo de software automatiza y agiliza una amplia gama de procesos relacionados con la gestión de préstamos, desde la solicitud inicial hasta el seguimiento de pagos y la generación de informes financieros. A continuación, se presentan algunas de las características comunes que suelen tener los sistemas de software de administración de créditos como SoftCrédito:

1. Solicitud y Evaluación de Créditos:
   - Permite a los clientes presentar solicitudes de préstamos en línea o en sucursales.
   - Automatiza la evaluación crediticia, incluyendo análisis de riesgo y solvencia del solicitante.

2. Generación de Ofertas y Condiciones:
   - Genera ofertas y términos de préstamos basados en las políticas y tasas de la institución financiera.
   - Calcula la cuota mensual y muestra el plan de amortización.

3. Aprobación y Desembolso de Préstamos:
   - Facilita el proceso de aprobación, con la capacidad de asignar niveles de autorización según el monto del préstamo.
   - Automatiza el proceso de desembolso de los fondos aprobados.

4. Seguimiento de Pagos y Cuotas:
   - Realiza el seguimiento de los pagos realizados por los prestatarios.
   - Envía recordatorios automáticos a los prestatarios sobre las cuotas pendientes.

5. Gestión de Amortización y Intereses:
   - Calcula y registra los pagos de capital e intereses en función de la programación de amortización.

6. Renovación y Refinanciamiento:
   - Facilita la renovación de préstamos existentes y permite a los prestatarios solicitar refinanciamiento.

7. Generación de Informes y Análisis:
   - Proporciona informes detallados sobre la cartera de préstamos, el rendimiento de los activos y otros indicadores financieros.

8. Integración con Sistemas Externos:
   - Puede integrarse con sistemas contables, sistemas de gestión de riesgos y otros sistemas internos.

9. Cumplimiento Normativo y Regulatorio:

- Ayuda a asegurar que los procesos de concesión de préstamos cumplan con las regulaciones y normativas pertinentes.

10. Seguridad y Protección de Datos:
   - Garantiza la seguridad de la información financiera sensible y los datos de los prestatarios.

11. Gestión de Garantías y Colateral:
   - Permite rastrear y administrar garantías y colaterales asociados con los préstamos.

En resumen, SoftCrédito y software similares desempeñan un papel crucial en la eficiencia y la precisión de la administración de préstamos y créditos en las instituciones financieras. Al automatizar y centralizar los procesos, estos sistemas ayudan a reducir errores, mejorar la satisfacción del cliente y garantizar el cumplimiento normativo.

¿Está buscando un camino claro hacia el éxito en un mundo financiero en constante evolución? En "Transformación de una Entidad Financiera 360: Navegando Hacia un Futuro Próspero", exploramos los pasos fundamentales para llevar a su institución financiera desde su estado actual hasta un futuro de crecimiento sostenible y excelencia en el servicio al cliente, en este eBook revelador, desglosamos cómo las instituciones financieras pueden abrazar la tecnología de vanguardia, las estrategias innovadoras y la mentalidad centrada en el cliente para sobresalir en un mercado altamente competitivo. A través de casos de estudio inspiradores y análisis detallados, descubrirá:

- Cómo adoptar una mentalidad de "360 grados" para comprender y satisfacer las necesidades cambiantes de los clientes en todos los aspectos de sus vidas financieras.
- Estrategias para la implementación efectiva de tecnologías disruptivas, como la inteligencia artificial, blockchain y la banca móvil, para ofrecer experiencias financieras más eficientes y convenientes.
- Métodos para fortalecer la ciberseguridad y la protección de datos en un mundo digitalizado, manteniendo la confianza de los clientes en todo momento.
- Enfoques para fomentar una cultura interna de innovación, colaboración y aprendizaje continuo entre los empleados.
- Cómo adaptarse a los cambios regulatorios y las tendencias macroeconómicas para mantener una base financiera sólida en todo momento.

Ya sea que sea un ejecutivo de nivel C en busca de la próxima estrategia disruptiva o un profesional en ascenso deseoso de liderar desde la vanguardia, "Transformación de una Entidad Financiera 360" es su guía esencial para navegar con éxito por el panorama financiero del mañana.

Prepárese para desafiar las convenciones, abrazar la innovación y liderar su entidad financiera hacia un futuro próspero. ¡El viaje hacia la transformación comienza aquí! ¡Obtenga su copia hoy y comience a trazar el rumbo hacia una entidad financiera 360 de éxito!

Regenerate